JN005985

CERTIFIED PUBLIC PSYCHOLOGIST

公認
心理師

髙坂康雅

著

試験対策総ざらい

実力はかる
5肢選択問題

360

福村出版

JCOPY 〈出版者著作権管理機構 委託出版物〉

本書の無断複写は著作権法上での例外を除き禁じられています。複写される場合は，そのつど事前に，出版者著作権管理機構（電話 03-5244-5088，FAX 03-5244-5089，e-mail: info@jcopy.or.jp）の許諾を得てください。

まえがき

　公認心理師試験は，心理学全般や身体・生理，脳・神経，精神疾患，法律や制度など非常に広い出題範囲が設定されており，一般問題（1問1点）と事例問題（1問3点）を合わせて154問が出題されます。受験者のみなさんは，公認心理師試験に向けて，過去問を解いたり，テキストで学んだり，模試に挑戦したりと，さまざまな勉強法で，力を積み上げていることと思います。それらの勉強の総仕上げは，公認心理師試験と同じ5肢選択形式の問題を数多く解き，知識の定着を確認したり，5肢選択形式の問題に慣れたりしておくことだと思います。しかし，これまで5肢選択形式の問題集は決して多くありませんでした。

　本問題集は，公認心理師試験に向けた勉強の総仕上げ，あるいは最終確認として取り組んでもらうことを意図して作成しました。これまでの公認心理師試験の出題内容・傾向を分析し，難易度も公認心理師試験本番に近いもの，あるいはそれ以上のものに設定しています。そうすることで，この問題集を繰り返し解いた方は，公認心理師試験本番の問題はやさしいと感じられるかもしれません。

　言い換えると，公認心理師試験に向けて勉強を始めたばかりの方には，この問題集は適していません。多くの問題を掲載するため，解説は必要最低限にしています。そのため，勉強を始めたばかりの方が解説を読むと，説明を読んでも理解できず，物足りなさを感じると思います。自分に十分な知識がついたと思うまで，そっとしまっておいてください。

　公認心理師試験は公認心理師という資格を取るための試験であり，資格を取ってしまえば，本問題集の役割は失われてしまうかもしれません。しかし，公認心理師は更新制度がありません。そして，公認心理師法では資質向上の責務が規定されています。公認心理師試験に合格し，公認心理師として活躍されるようになったとしても，ときどき本問題集を開いて，せっかく得た知識を維持するようにしてください。

　本問題集を手にされた方が，公認心理師試験に合格し，同じ公認心理師としてともに活躍し，また刺激し合えることを心より祈念しています。

新緑の5月の風に吹かれて

髙坂康雅

目次

第5部では以下の法律を略称で表記してあります。

正式名	略称
育児休業，介護休業等育児又は家族介護を行う労働者の福祉に関する法律	育児・介護休業法
高齢者虐待の防止，高齢者の養護者に対する支援等に関する法律	高齢者虐待防止法
児童虐待の防止等に関する法律	児童虐待防止法
障害者虐待の防止，障害者の養護者に対する支援等に関する法律	障害者虐待防止法
障害者の雇用の促進等に関する法律	障害者雇用促進法
障害者の日常生活及び社会生活を総合的に支援するための法律	障害者総合支援法
精神保健及び精神障害者福祉に関する法律	精神保健福祉法
臓器の移植に関する法律	臓器移植法

※　法律・制度等は2021年5月時点のもの。

第1部

基礎心理学

Q1 ·· □□□

無意味綴りを用いた記憶実験を通して，人の忘却の過程を明らかにした人物として，正しいものを 1 つ選べ。

① G. T. Fechner
② W. Wundt
③ H. Ebbinghaus
④ M. Wertheimer
⑤ J. B. Watson

Q2 ·· □□□

W. Wundt のもとで学び，要素主義・構成主義を受け継いだアメリカの心理学者として，正しいものを 1 つ選べ。

① J. M. Cattell
② L. Witmer
③ E. B. Titchener
④ A. Bandura
⑤ F. Galton

Q3 ·· □□□

Prägnanz の法則について，正しいものを 1 つ選べ。

① 行動主義の主要な法則のひとつである。
② 感覚の大きさは刺激の強度の対数に比例して増大するとしている。
③ E. L. Thorndike が提唱した。
④ いくつかのあいまいな要素を単純なかたちで解釈する傾向のことである。
⑤ 緊張度とパフォーマンスとの間には逆 U 字型の関係があることを示したものである。

A1　③：心理学史

① Fechnerは心理物理学の中心的人物で，Fechnerの法則や心理物理学的測定法などを提唱した。

② Wundtはライプツィヒ大学に世界初の心理実験室を設立した「心理学の父」であり，構成主義の立場から実験や内観を通して人の意識内容にアプローチした。

③ Ebbinghausは無意味綴りの実験を通して，人は記銘後約1日で50％程度を忘れ，それ以降は緩やかに忘却していくことを示した。

④ Wertheimerは仮現運動に着目し，ゲシュタルト心理学を創始した。

⑤ Watsonは古典的条件づけを理論化し，行動主義を提唱した。

A2　③：心理学史

① Cattell はWundtのもとで学んだアメリカの心理学者で，反応時間や連想時間の研究，mental testの開発などを通して個人差の研究に貢献した。

② Witmer はWundtのもとで学び，アメリカ・ペンシルベニア大学に最初の心理クリニックを開設した「臨床心理学の父」。

③ Titchener はWundtの後継者として要素主義・構成主義を引き継ぐとともに，学生のトレーニングのための実験実習の体系化を行った。

④ Banduraは観察学習・モデリングを中心的理論とする社会的学習理論を展開した。

⑤ GaltonはC. Darwinの影響を受け，心的遺伝に関心をもち，優生学を発展させるとともに，実験心理学や検査法，統計的技法の先駆者として評価されている。

A3　④：Prägnanzの法則

① ゲシュタルト心理学の主要な法則のひとつである。

② Fechnerの法則の説明である。

③ Thorndikeが提唱したのは「効果の法則」である。

④ 近接の要因や類同の要因，よい連続の要因，閉合の要因などがある。

⑤ Yerkes＝Dodsonの法則のことである。

Q4 □□□

複数の刺激を呈示されたときにそれらが等しい刺激量であると感じられる刺激の程度を表すものとして，正しいものを１つ選べ。

① 主観的等価点

② 刺激閾

③ 丁度可知差異

④ 刺激頂

⑤ 弁別閾

Q5 □□□

心理物理学的測定法のひとつである恒常法について，正しいものを１つ選べ。

① 平均誤差法とも呼ばれる。

② 主観的等価点の測定には用いることができない。

③ 実験が長時間にわたり，被検者に疲労感を与える。

④ S. S. Stevensが考案した。

⑤ 被検者自身が刺激を変化させる。

Q6 □□□

心理物理学的測定法のうちの調整法の説明として，正しいものを１つ選べ。

① 基準刺激を10とした場合に，呈示された刺激がいくつになるかを推定させる方法。

② 基準刺激と同じ強度になるように，対象者が呈示された刺激を強めたり弱めたりする方法。

③ 基準刺激に対して複数の比較刺激をランダムに呈示し，対象者がそれらの刺激と基準刺激が同じ強度かどうかを判断する方法。

④ 複数の刺激について１対１で比較し，それらの優劣や強弱を判断する方法。

⑤ ある刺激を基準刺激と同じ強度になるまで弱い方から徐々に強めていく方法。

A4　　①　：閾値
① 主観的等価点とは，複数の刺激の強度が主観的に同じであると感じられる刺激強度のことである。
② 刺激閾とは，感覚を生じさせる最小の刺激強度のことである。
③ 丁度可知差異とは，複数の刺激を区別できる最小の刺激強度の差である。
④ 刺激頂とは，それ以上強くすると正常な感覚が生じなかったり，感覚の強さが変化しなくなったりする刺激強度のことである。
⑤ 弁別閾は丁度可知差異と同じ意味である。

A5　　③　：心理物理学的測定法
① 平均誤差法は調整法の別名であり，恒常法の別名は当否法である。
② 主観的等価点，刺激閾，弁別閾などの測定に用いられる。
③ 複数（4～9個）の刺激をランダムに繰り返し（50～200回ほど）呈示するため，時間がかかり，被検者にも疲労感を与える。
④ Stevensが考案したのはマグニチュード推定法である。
⑤ 調整法（平均誤差法）の説明である。

A6　　②　：心理物理学的測定法
① マグニチュード測定法の説明である。
② 対象者が調整できるので「調整法」と呼ばれ，平均誤差法や刺激等価法とも呼ばれる。
③ 恒常法（等価法）の説明である。
④ 一対比較法の説明である。
⑤ 極限法（丁度可知差異法）の説明である。

Q7 □□□

知能に関する理論について，正しいものを1つ選べ。

① R. B. Cattellは，知能の2因子説を提唱した。
② D. Wechslerは知能を新しい環境における適応力ととらえた。
③ コース立方体組み合わせテストは，C. E. Spearmanのg因子を測定するために作成された。
④ J. P. Guilfordの知能構造モデルは，「内容」「動機」「方法」の3次元で構成された立方体モデルである。
⑤ C-H-C理論は知能因子を3層に分けた多層構造モデルである。

Q8 □□□

知能について，正しいものを1つ選べ。

① L. L. Thurstoneは，知能は一般因子と特殊因子で構成されるとする知能の2因子説を提唱した。
② 流動性知能は，中年期までは上昇し，それ以降衰えていく。
③ 現在は数十年前に比べ知能検査のスコア(IQ)が上昇していることが確認されている。
④ A. Binetは軍隊への入隊適性を把握するために知能検査を開発した。
⑤ D. WechslerはWechsler=Belvue知能検査で偏差IQを用いた。

Q9 □□□

電気ショックを与える実験を通して人が権威に服従することを検証した人物として，正しいものを1つ選べ。

① S. Milgram
② P. Zimbardo
③ K. Lewin
④ S. E. Asch
⑤ W. Heron

A7　⑤　：知能理論

① Cattellは知能を結晶性知能と流動性知能に分類している（知能の２因子説を提唱したのはC. E. Spearmanである）。

② Wechslerは知能を「目的的に行動し，合理的に思考し，環境を効果的に処理するための，個人の集合体ないしは全体的能力」と定義している。

③ Spearmanのg因子を測定するために開発されたのはレーヴン色彩マトリックス検査である。

④ Guilfordの知能構造モデルは「内容」「操作」「所産」の３次元で構成されている。

⑤ C-H-C（Cattell-Horn-Carroll）理論は，「一般的知能g」，10の「中核的能力board ability」，33の「細分化された能力narrow ability」の３層構造で構成されている。

A8　⑤　：知能理論

① Thurstoneは知能を7つの因子でとらえる多因子説を提唱している。

② 流動性知能は20代をピークに，それ以降衰退していく。

③ 数十年間に比べIQが上昇する現象をFlynn効果と呼ぶが，近年のノルウェーやイギリス，アメリカの研究では，1970年前後に比べ現在の知能検査のスコアは低下していることが示されている（負のFlynn効果）。

④ Binetは通常学級での学習に困難を示す児童を見出すために知能検査を開発した。

⑤ Wechsler=Belvue知能検査は1939年に児童向けに作成され，偏差IQが用いられた。

A9　①　：実験社会心理学

① Milgramの疑似電気ショック発生器を用いた実験は，ナチスドイツで虐殺を行ったA. Eichmannから，Eichmann実験とも呼ばれる。

② Zimbardoはスタンフォード大学での監獄実験や時間的展望の研究で有名である。

③ Lewinは場の理論や時間的展望，リーダーシップの研究を行ったゲシュタルト心理学の中心人物であり，実験社会心理学の礎を築いた。

④ Aschは線分を選ばせる実験を通して，集団圧力と同調の研究を行った。

⑤ Heronは感覚遮断実験を通して，ホメオスタシス維持のための動機以外の動機（内発的動機）があることを示した。

Q10 ☐☐☐

臨床心理学の成立について，正しいものを1つ選べ。

① E. Bleulerは心的外傷後ストレス障害（PTSD）の先駆的な研究を行った。

② L. Witmerが開設した心理クリニックでは，第二次世界大戦の帰還兵の治療が行われた。

③ 生物―心理―社会モデルはD. Shakowの勧告のもとに進められた。

④ H. J. Eysenckは精神分析を批判した。

⑤ C. Beersは職業指導運動を行い，キャリアカウンセリングの基礎を築いた。

Q11 ☐☐☐

視知覚について，正しいものを1つ選べ。

① 錐体細胞は光に対する感度が高い。

② 暗所から明所に入った際に行われる視知覚の調整を暗順応と呼ぶ。

③ Young＝Helmholtzの三色説は現在，否定されている。

④ 人は単眼では奥行きを知覚できない。

⑤ 人は生後6か月程度で奥行きと恐怖が連合するようになる。

Q12 ☐☐☐

視知覚について，正しいものを1つ選べ。

① 周囲の運動によって静止している対象が動いているように見える現象を自動運動と呼ぶ。

② 視細胞への入力情報は視神経を通って，頭頂葉の一次視覚野に送られる。

③ E. Heringは，視細胞には3原色に対応する受容器が存在すると仮定した理論を提唱した。

④ 同じ対象であっても，その場の明るさによって知覚される色彩が異なる現象をPurkinje現象と呼ぶ。

⑤ 明所から暗所に入ると，桿体細胞の方が錐体細胞よりも先に順応する。

A10　④：臨床心理学の礎

① PTSDの先駆的な研究を行ったのはP. Janetである（Bleulerは統合失調症や自閉症〈現在の自閉スペクトラム症〉の先駆的な研究を行った）。

② Witmerは世界初の心理クリニックをペンシルベニア大学に設立した「臨床心理学の父」であり，そこでは知的障害や学習障害の子のアセスメント，治療・療育などが行われた。

③ Shakowの勧告のもと進められたのは科学者―実践家モデルである（生物―心理―社会モデルはG. L. Engelが提唱した）。

④ イギリスでは医療保険システムが構築されていたため，Eysenckは精神分析を時間がかかる，効果が不明確などの理由で批判した。

⑤ 職業指導運動の中心人物はF. Parsonsである（Beersは精神衛生運動の中心人物である）。

A11　⑤：視知覚

① 錐体細胞は色彩に反応する視細胞であり，光に対する感度は低い。

② 明るさに慣れるので「明順応」である。

③ Young＝Helmholtzの三色説で仮定された3原色に対応する受容器に相当する3種類の錐体細胞が発見されており，否定されているとはいえない。

④ 単眼でも奥行き知覚は可能である。

⑤ 奥行き知覚は生後3か月ころからできるようになるが，恐怖と結びつくのは6か月ころである。

A12　④：視知覚

① 誘導運動の説明である（自動運動とは，暗所で小光点を見つめていると，小光点が不規則に動いて見える現象である）。

② 視覚情報が送られる一次視覚野は後頭葉にある。

③ このような理論を提唱したのはH. L. F. von Helmholtzであり，T. Youngと合わせてYoung＝Helmholtzの三色説と呼ばれる。

④ 錐体細胞と桿体細胞の視感度最大波長の違いによって生じる現象である。

⑤ 最初の7分ほどで錐体細胞が順応し，その後，桿体細胞が順応し，1時間ほどで暗順応が完成する。

Q13 □□□

乳児の視知覚について，正しいものを１つ選べ。

① 色覚は１年ほどかけて成人と同程度まで発達する。

② 生後１か月未満の乳児であっても，他者の顔の動きを模倣することができる。

③ 選好注視法は，見慣れたものよりも新奇なものをより注視する乳児の反応特性を利用した視覚認知の測定法である。

④ 顔パターンに対する選好反応は生後１か月過ぎに消失し，その後はみられなくなる。

⑤ 生後３か月ころには，奥行きと恐怖との連合がみられる。

Q14 □□□

記憶について，正しいものを１つ選べ。

① リハーサルの回数を増やすほど，短期記憶は長期記憶に転送されやすくなる。

② 単語リストの提示後に自由再生を求める実験において，リスト提示後に妨害課題を課すと，初頭効果が消失する。

③ H. Ebbinghausの忘却曲線によると，記銘後１日で50％程度を忘れる。

④ A. Baddeleyはワーキングメモリーについて，中央実行系と３つのコンポーネントからなるモデルを提唱している。

⑤ 加齢に伴い，10〜30歳ころの出来事は思い出しにくくなる。

Q15 □□□

記憶について，正しいものを１つ選べ。

① 学習直後よりも一定時間経過後の方が再生率が高くなる現象をプラトーと呼ぶ。

② リハーサルをすることで，感覚記憶の情報を短期記憶に送ることができる。

③ 手続き的記憶は宣言的記憶のひとつである。

④ 系列位置ごとの再生率をグラフ化した系列位置曲線は，中間の事柄の再生率が高い逆U字型になる。

⑤ 逆向抑制とは，ある事柄に対する記憶がその後の新しい記憶によって干渉されることである。

A13　　②　：乳児の視知覚

① 色覚が成人と同程度になるのは生後３か月ころである。

② 新生児模倣と呼ばれる現象であり，A. N. Meltzoff と M. K. Moore の実験（1977年）が有名である。

③ 馴化―脱馴化法の説明である。

④ 顔パターンに対する選好注視は生後１か月過ぎに一度消失するが，２か月過ぎに再び出現する。

⑤ 奥行き知覚が可能になるのは生後３か月ころであるが，恐怖との連合がみられるようになるのは６か月ころからである。

A14　　④　：記憶

① 短期記憶から長期記憶への転送は，リハーサルの量よりもリハーサルの質（符号化処理の水準）に左右される。

② 妨害課題を出すと短期記憶に基づく新近性効果が消失する。

③ 記銘後20分で約50％，１日後では３分の２が忘れられていく。

④ 2000年の論文で，中央実行系と視空間スケッチパッド，音韻ループ，エピソードバッファという３つのコンポーネントからなる４要素モデルが提唱されている。

⑤ 加齢に伴って，10～30歳ころの出来事は思い出しやすくなり，これをレミニセンスバンプと呼ぶ。

A15　　⑤　：記憶

① プラトーではなくレミニセンスである。

② 感覚記憶の情報を短期記憶に送るには，注意を向ける必要がある。

③ 手続き的記憶は言語化することが困難な非宣言的記憶である。

④ 中間の事柄が再生されにくくなるため，Ｕ字型のグラフとなる。

⑤ 既存の記憶によって新しい記憶が妨害されることを順向抑制，新しい記憶によって以前の記憶を思い出しにくくなることを逆行抑制と呼ぶ。

基礎心理学

実験・研究

人体の構造／精神疾患

アセスメント／心理的支援

法律・制度

事例

Q16 □□□

長期記憶について，正しいものを１つ選べ。

① プライミングは非宣言的記憶のひとつである。

② 潜在記憶と顕在記憶との違いは記銘意識の有無である。

③ エピソード記憶は言語化することが難しい。

④ 古典的条件づけはエピソード記憶に含まれる。

⑤ 言語化できる記憶はすべて意味記憶である。

Q17 □□□

長期記憶について，正しいものを１つ選べ。

① エピソード記憶は加齢の影響を受けやすい。

② 古典的条件づけは宣言的記憶に含まれる。

③ A. M. Collins らの意味ネットワークモデルは，活性化の拡散を仮定することで，手続き的記憶を説明することができる。

④ 意味記憶は顕在記憶である。

⑤ R. C. Atkinson と R. M. Shiffrin は意識と無意識からなる二重貯蔵モデルを提唱した。

Q18 □□□

古典的条件づけについて，正しいものを１つ選べ。

① 弁別とは，条件刺激では条件反応が生じるが，条件刺激と類似した刺激では条件反応が生じないようにする操作のことである。

② I. Pavlov は恐怖条件づけの実験を通して，古典的条件づけは人の情動にも適用できることを明らかにした。

③ 消去の過程において対象となった動物が自身の脚を噛むなどの異常行動がみられることがある。

④ B. F. Skinner は古典的条件づけの理論をもとに行動主義を提唱した。

⑤ 般化が成立したあとに条件刺激だけを呈示し続けると，条件刺激にしか反応しなくなる現象を自発的回復と呼ぶ。

A16 　　① ：長期記憶

① プライミングは言語化することが困難であるため，非宣言的記憶に含まれる。

② 潜在記憶と顕在記憶の違いは，想起意識（思い出そうとする意識）の有無である。

③ エピソード記憶は自分の経験などに関する記憶であり，言語化することができる。

④ 古典的条件づけは手続き的記憶に含まれる。

⑤ 言語化できる記憶（宣言的記憶）には，意味記憶とエピソード記憶がある。

A17 　　① ：長期記憶

① 意味記憶や手続き的記憶は加齢の影響を受けにくいが，エピソード記憶は加齢の影響を受けやすい。

② 古典的条件づけは非宣言的記憶（言語化が困難な記憶）に含まれる。

③ 意味ネットワークモデルは活性化の拡散を仮定することで，プライミングを説明することに有用である。

④ 顕在記憶は想起意識（思い出そうとする意識）のある記憶であるが，意味記憶が必ずしも想起意識を伴うわけではない。

⑤ 二重貯蔵モデルは短期記憶と長期記憶で構成され，のちに感覚記憶も加えられ，多重貯蔵モデルとなっている。

A18 　　① ：古典的条件づけ

① 般化が生じる類似刺激であっても，学習によって弁別することができるようになる。

② 恐怖条件づけの実験を行ったのは，J. B. Watsonである。

③ 消去の過程ではなく，弁別学習の過程で生じる現象であり，これを実験神経症と呼ぶ。

④ 行動主義を提唱したのはJ. B. Watsonである。

⑤ 自発的回復とは，消去を行い，一定期間経過後に再度条件刺激を呈示すると，条件反応が生じる現象である。

Q19　□□□

古典的条件づけに関わる用語・現象として，正しいものを1つ選べ。

① ギャンブル等依存症
② 強迫症
③ 応用行動分析
④ プログラム学習
⑤ 系統的脱感作

Q20　□□□

オペラント条件づけについて，正しいものを1つ選べ。

① 三項随伴性による学習である。
② 嫌悪刺激を予告する刺激に対して何らかの反応をすることで，嫌悪刺激を避けることを学習することを逃避学習と呼ぶ。
③ B. F. Skinnerが問題箱の実験を通して理論化を行った。
④ 不適切な強化スケジュールによって条件づけの成立に時間がかかることを強化の遅延と呼ぶ。
⑤ 罰を与えることで行動の生起頻度を抑制することを負の強化と呼ぶ。

Q21　□□□

回避学習について，正しいものを1つ選べ。

① 嫌悪刺激が呈示されたのち，一定時間内に特定の行動を行うと嫌悪刺激が消失することを学習すること。
② 嫌悪刺激と，それと類似した中性刺激が同時に呈示されたとき，中性刺激に対して適切な行動を行うように学習すること。
③ 嫌悪刺激が呈示される前に条件刺激が呈示され，条件刺激に対して特定の反応を行うと嫌悪刺激が呈示されないことを学習すること。
④ 嫌悪刺激が呈示された際，どのような行動をとっても嫌悪刺激が消失しないため，行動しても効果がないことを学習すること。
⑤ 嫌悪刺激のあとに呈示される報酬のために，嫌悪刺激に対して耐えることを学習すること。

A19 　⑤ ：古典的条件づけ

① ギャンブル等依存症は，オペラント条件づけの部分強化（間欠強化）によって生じると考えられる。

② 強迫症は，オペラント条件づけの回避学習で説明される。

③ 応用行動分析（ABA）は，オペラント条件づけの三項随伴性の理解を通して行われる応用実践である。

④ プログラム学習は，B. F. Skinner が開発したオペラント条件づけに基づく学習指導法である。

⑤ 系統的脱感作は，J. Wolpe が逆抑制の理論を用いて考案した古典的条件づけを原理とした行動療法である。

A20 　① ：オペラント条件づけ

① 先行刺激，行動（反応），結果という3要素の関連性によってオペラント条件づけは成立する。

② 回避学習の説明である。

③ B. F. Skinner は Skinner 箱と呼ばれる実験装置を用いた。

④ 強化の遅延とは，行動（反応）が生じたのち，時間をおいてから強化子（好子）を与えることである。

⑤ 行動の生起頻度を抑制することは弱化であるため，正の弱化である。

A21 　③ ：回避学習

① 逃避学習の説明である。

② 回避学習の説明になっていない（該当する用語はない）。

③ 条件刺激に適切な反応をすることで嫌悪刺激を回避できるので，回避学習と呼ばれる。

④ 学習性無力感の説明である。

⑤ 回避学習の説明になっていない（該当する用語はない）。

Q22

学習について，正しいものを１つ選べ。

① E. C. Tolmanは問題箱を用いた実験を通して試行錯誤説を提唱した。

② 以前行った学習がのちの学習に影響を及ぼすことを潜在学習と呼ぶ。

③ オペラント条件づけでは，全強化よりも変動強化の方が学習の消去が起きやすい。

④ 試行錯誤を行うことなく，思いつきによって問題解決が行われることを洞察学習と呼ぶ。

⑤ 転移とは，学習者本人が直接強化されなくても，モデルの行動が強化されている場面を見ることによって生じる学習である。

Q23

学習について，正しいものを１つ選べ。

① 学習性無力感とは，古典的条件づけが成立したあとに無条件刺激を呈示せずに条件刺激を呈示し続けることによって条件反応が生じなくなることである。

② 以前に行った学習がのちの類似した学習に影響を及ぼすことを般化と呼ぶ。

③ ある刺激のあとに不快な経験をするとその刺激を嫌悪するようになる現象をgarcia効果と呼ぶ。

④ W. Köhlerは，学習は試行錯誤を通して行われることを明らかにした。

⑤ 自らが強化されなくても，モデルとなる他者が強化されているのを見ることで，自身が強化されたと同様の効果が生じることを潜在学習と呼ぶ。

Q24

言語の獲得・発達について，正しいものを１つ選べ。

① N. Chomskyは意味論的知識の役割を分析し，変形生成文法理論を提唱した。

② 自己中心的言語は６〜８歳ころに頻繁に観察される。

③ J. Brunerは養育者など他者との相互作用が子どもの言語獲得を生じさせるシステムを担っていると主張した。

④ 単語の選択制限の性質の理解は，統語論的知識である。

⑤ L. S. Vygotskyは，思考の道具としての内言が徐々にコミュニケーションの道具としての外言に変化・発達すると述べた。

A22 　④ 　：学習

① 試行錯誤説を提唱したのは，E. L. Thorndikeである。

② （学習の）転移の説明である。

③ 変動強化の方が消去が起きにくい。

④ W. Köhlerがチンパンジーの実験を通して明らかにした。

⑤ A. Banduraが提唱した観察学習（モデリング）の説明である。

A23 　③ 　：学習

① 消去の説明である。

② （学習の）転移の説明である。

③ garcia効果は嫌悪学習の別名である。

④ W. Köhlerは，試行錯誤をしなくても，ひらめきによって問題解決がなされるとし，それを洞察学習と呼んだ。

⑤ 代理強化による観察学習の説明である。

A24 　③ 　：言語の獲得・発達

① Chomskyの変形生成文法理論は，統語論的知識が文の理解において果たす役割の分析をもとに提唱された。

② 自己中心的言語は3〜6歳ころに頻繁に観察される。

③ これを言語獲得支援システムと呼ぶ。

④ 意味論的知識である（選択制限の性質とは，「速い」は動くもの〈自動車，馬など〉には用いられるが，動かないもの〈石，家など〉には用いない規則のことである）。

⑤ Vygotskyは外言が徐々に内言になっていくと述べた。

Q25

動機づけについて，正しいものを1つ選べ。

① 動機づけは個人の内部の要因と外部の要因の双方によって引き起こされる。

② 内的な欠乏が生じていなければ，動機は生じない。

③ A. H. Maslowは欲求を5つに分け，これらが同時に生起するとした。

④ 内発的動機は経験によって生じるものである。

⑤ 緊張度や覚醒度が高まるにつれて，動機づけも高まっていく。

Q26

動機づけについて，<u>誤っているもの</u>を1つ選べ。

① 外発的動機の自律性を高めても，内発的動機にはならない。

② 内発的動機は，生得的なものである。

③ 失敗をどこに帰属するかによって今後の類似の課題に対する動機が変化する。

④ A. H. Maslowは自己実現欲求を最も高次の欲求とする欲求階層説を提唱した。

⑤ H. Harlowは感覚遮断実験を通して動因低減説の限界を示した。

Q27

学習性無力感について，<u>誤っているもの</u>を1つ選べ。

① 特定の領域に対して無気力な状態が続くことである。

② M. Seligmanが実験を通して明らかにした。

③ 自分の行動が成果を示さないことを繰り返し経験することで生じる。

④ 平易な課題に対しても取り組まないようになる。

⑤ 克服するためには認知行動療法による支援が有効である。

A25　　①　：動機づけ

① 個人の内部の要因を動因，外部の要因を誘因と呼び，動機づけは双方によって引き起こされる。

② 欠乏状態が満たされても，より高次の成長欲求が生じる。

③ Maslowは下位の欲求が満たされると，上位の欲求が生じると仮定していた。

④ 内発的動機は生得的(intrinsic)なものであるため，経験によって抑制されることはあるが，生じるものではない。

⑤ Yerkes＝Dodsonの法則(仮説)では，緊張度(覚醒度)は高すぎても低すぎても動機づけを下げ，中程度の緊張度(覚醒度)が最も動機づけを高めるとされている。

A26　　⑤　：動機づけ

① 外発的動機と内発的動機は発生の機序が異なるため，外発的動機の自律性を高めても内発的動機にはならない。

② 内発的動機は生得的(intrinsic)なものであるとされている。

③ 失敗を内的で安定的なもの(能力など)に帰属すると動機は低下し，内的で不安定なもの(努力など)に帰属すると動機は上昇する。

④ Maslowは生理的欲求，安全と安定の欲求，所属と愛の欲求，承認・成功への欲求，自己実現欲求という5つの欲求が階層的になっているとする理論を提唱し，それを満たすために人は動機づけられると考えた。

⑤ 感覚遮断実験を行ったのはW. Heronらであり，Harlowはアカゲザルにパズルを与える実験から内発的動機の存在を示唆した。

A27　　①　：学習性無力感

① 学習性無力感は特定の領域に関する無力感が広がり，他の領域においても無力感を示すようになる状態である。

② Seligmanが動物に対する実験を通して明らかにした。

③ 行動を行っても成果が得られないことが繰り返されることで，自分の無力さが学習される。

④ 学習性無力感が形成されると，平易な課題に対しても取り組もうとしなくなる。

⑤ 認知行動療法によって克服していく。

Q28 ☐☐☐

教授・学習について，正しいものを１つ選べ。

① 学習過程の進行によって，適切な学習方略は異なる。

② 学習者の特性にかかわらず，教授効果の高い教授法がある。

③ J. Brunerはスモールステップと即時フィードバックを用いた教授法が効果的であるとした。

④ 課題に失敗した際に，学習の量の不足に帰属すると，今後の学習動機が最も高まる。

⑤ 教師期待効果はポジティブな変化を生み出すが，ネガティブな変化は生み出さない。

Q29 ☐☐☐

教授・学習法について，誤っているものを１つ選べ。

① プログラム学習はオペラント条件づけを応用した指導方法である。

② ジグソー学習では，グループのメンバーがおのおの異なる内容を学習し，グループに持ち寄って共有する。

③ J. Brunerは学習者自身が課題を見つけて取り組むことを重視した発見学習を提唱した。

④ 有意味受容学習では，学習者個人がもつ興味・関心に合わせた教育内容を構成することを重視する。

⑤ ４〜６名のグループでの短い討議を繰り返し，その結果をクラスで発表しながら学習を進める方法をバズ学習と呼ぶ。

Q30 ☐☐☐

アクティブラーニングについて，誤っているものを１つ選べ。

① 何を学ぶかではなく，どのように学ぶかに着目している。

② 学習指導要領では，主体的・対話的で深い学びとして導入が進められている。

③ すべての科目において実施することが可能である。

④ 認知プロセスの外化を伴う学びである。

⑤ すべての学習者にとって学習効果の高い学びである。

No

A28　　①　：教授・学習

① 学習過程の初期ではリハーサル，中期では精緻化，発展期では体制化を用いる。
② 学習者の特性によって適切な教授法が異なることを適性処遇交互作用と呼ぶ（つまり，どんな学習者にとっても教授効果の高い教授法はない）。
③ スモールステップや即時フィードバックはB. F. Skinnerが考案したプログラム学習の特徴である。
④ 課題に失敗した際に最も動機を高めるのは，学習の方法に帰属した場合である。
⑤ ポジティブな変化をピグマリオン効果，ネガティブな変化をゴーレム効果と呼ぶ。

A29　　④　：教授・学習

① プログラム学習は，B. F. Skinnerがオペラント条件づけを理論基盤として開発した教授・学習法である。
② ジグソー学習はE. Aronsonらによって提唱されたグループ学習法であり，メンバーそれぞれが異なる内容を学習し，グループに持ち帰って教え合うことで，メンバー同士が協力するようになる。
③ Brunerは，B. F. Skinnerのプログラム学習では学習者が受動的になると批判し，学習者が主体となる発見学習を提唱した。
④ 有意味受容学習は，学習者がすでにもっている知識（先行オーガナイザー）と新しい知識とを結びつけられるように指導したり，教材を準備したりする教授法である。
⑤ 塩田芳久らによって提唱されたグループ討議形式の学習法である。

A30　　⑤　：アクティブラーニング

① アクティブラーニングによって学習者の学習スキルの育成が期待されている。
② 学習指導要領において，主体的・対話的で深い学びとして，アクティブラーニングの推進及びその実現に向けた授業改善が求められている。
③ 特定の科目ではなく，どの科目であっても導入・実施が可能である。
④ 自分の意見を伝えたり，議論したり，知識を用いるなど，アクティブラーニングでは認知プロセスの外化が必要となる。
⑤ すべての学習者がディスカッションやディベートを好むわけではないため，そのような学習者に対する配慮や工夫が必要となる。

Q31 ☐☐☐

B. S. Bloomの教育評価の分類のうち，指導中に，学習者の学習内容習得度を把握するものとして，正しいものを1つ選べ。

① 総括的評価
② 形成的評価
③ 到達度評価
④ 診断的評価
⑤ 集団基準準拠評価

Q32 ☐☐☐

学校心理学について，正しいものを1つ選べ。

① 援助領域を，学習面，心理・社会面，進路面の3つに分けている。
② 担任，保護者，スクールカウンセラーでつくる個々の問題に対応するチームをコア援助チームと呼ぶ。
③ 役割的ヘルパーとは，教師など職業上の役割として援助をする者のことである。
④ 一次的援助サービスとは，困難の兆候がみられる児童生徒に対する早期対応・援助のことである。
⑤ コンサルテーションとは，専門家が他の専門家に対して助言を行う間接的援助サービスである。

Q33 ☐☐☐

学校心理学の理論的な枠組みとして，誤っているものを1つ選べ。

① コア援助チームのメンバーは，担任，保護者，コーディネーターである。
② 三次的援助サービスは，不登校から学校復帰した児童生徒や，いじめられていた児童生徒に対する再発防止に向けた援助である。
③ 一次的援助サービスの対象は発達障害を有する者も含めたすべての児童生徒である。
④ 複合的ヘルパーの代表例は教師である。
⑤ コーディネーションとは，援助ニーズの高い子どもが学校内外の資源からの援助を受けやすいように連携・調整することである。

A31　②　：教育評価

① 総括的評価は，指導完了後に，指導した内容の習得度を評価するものである。

② 形成的評価を行うことで，指導方法や指導内容を即時的に修正・改善することができる。

③ 到達度評価は，目標への到達度を，量的な基準などを根拠に評価するものであり，絶対評価とも呼ばれる（Bloomの分類ではない）。

④ 診断的評価は，指導前に学習者のレディネスや既有知識などを把握するものである。

⑤ 集団基準準拠評価は，所属集団内における学習者の成績の位置づけを把握するものであり，相対評価とも呼ばれる（Bloomの分類ではない）。

A32　⑤　：学校心理学

① 援助領域は，学習面，心理・社会面，進路面，健康面の4つである。

② コア援助チームは，担任，保護者，コーディネーターで構成される。

③ 役割的ヘルパーとは，親など社会的な役割として援助を行う者のことである。

④ 一次的援助サービスとは，すべての子どもに提供される発達促進的・予防的な援助サービスである。

⑤ コンサルテーションとは，たとえば子どもの困難に対する援助に苦戦している教師に対してスクールカウンセラーが心理学的な知識や技術を助言することであり，結果として子どもの援助につなげるものである。

A33　②　：学校心理学

① コア援助チームは，問題状況をもつ子ども一人ひとりに対してつくられ，援助チームの核となって，直接的・間接的に子どもの援助を主導する。

② 三次的援助サービスとは，不登校やいじめなど重大な援助ニーズをもつ特定の児童生徒に対して行う援助である。

③ 一次的援助サービスはすべての児童生徒に対して行われるものであり，発達障害を有する者や他の援助ニーズを有する者も対象に含まれる。

④ 複合的ヘルパーとは，職業上の複数の役割と関連させながら，そのひとつあるいは一側面として心理教育的援助サービスを行う者のことであり，教師はその代表例である。

⑤ コーディネーションを担うコーディネーターは，チームの形成・活動の調整や，学校の組織的活動や専門機関等との調整を行い，チーム援助の効果を高める働きをする。

Q34 ──────────────────────────── □□□

感情について，正しいものを1つ選べ。

① 基本感情の種類は研究者間で一致している。

② P. Ekmanは顔面筋からのフィードバックによって感情体験が差異化されるとした。

③ M. Lewisは誕生直後からみられる感情と1歳台になってから出現する感情を分類している。

④ 個人の気分に一致する情報価をもつ情報の方が一致しない情報価をもつ情報よりも記銘されやすい現象を，気分状態依存効果と呼ぶ。

⑤ H. Schlosbergは快―不快と緊張―睡眠の2次元上に感情を円環的に配置したモデルを提唱した。

Q35 ──────────────────────────── □□□

感情に関する理論について，正しいものを1つ選べ。

① J. Russellは「快―不快」と「内的―外的」という2次元による感情の円環モデルを提唱した。

② P. Ekmanはどのような文化においても8つの感情と結びついた基本表情がみられるとした。

③ R. B. Zajoncは感情における認知の重要性を指摘した。

④ S. S. Tomkinsは顔面筋からのフィードバックによって感情が生じるとする理論を提唱した。

⑤ W. B. CannonやP. Bardは外的刺激によって喚起された身体反応によって情動が生起すると考えた。

Q36 ──────────────────────────── □□□

感情・情動喚起の機序について，正しいものを1つ選べ。

① W. Jamesは，情動の喚起における中枢神経系の役割を重視した理論を提唱した。

② R. B. Zajoncは，感情と認知は独立した体系であると主張した。

③ 報酬性の刺激を受けると，視床下部からドパミンが分泌されることにより，快感情が生じる。

④ K. R. Schererは，刺激事象が新奇性と重要性という2つの観点から評価されることで感情が分化されるとした。

⑤ R. Buckは，社会的な要因は感情の発達には関わっていないと主張した。

A34　③ ：感情

① Ekmanは6種類，J. Pankseppは7種類，C. E. Izardは10種類の基本感情をあげている。

② 顔面フィードバック説を提唱したのはS. S. Tomkinsである。

③ 誕生直後には喜び，驚き，悲しみ，嫌悪，怒り，恐れがみられ，1歳台になると困惑，恥，誇りなどがみられるとした。

④ 気分一致効果の説明である。

⑤ Schlosbergは快―不快と注意―拒否の2次元による円環と，それに直交する緊張―睡眠という次元を加えた円錐モデルを提唱している。

A35　④ ：感情の理論

① Russellの2次元モデルは「快―不快」と「緊張―睡眠」の2次元である。

② Ekmanは，怒り，嫌悪，恐怖，喜び，悲しみ，驚きという6つの感情と結びついた基本表情があると主張した。

③ Zajoncは感情と認知は独立していると主張した。

④ Tomkinsの理論は顔面フィードバック説と呼ばれている。

⑤ CannonとBardは情動の喚起における中枢神経系の役割を重視し，中枢起源説を提唱した。

A36　② ：感情・情動喚起の機序

① Jamesは，情動の喚起には末梢の身体器官が関わっているとするJames=Lange説を提唱した。

② Zajoncは，感情と認知との関連を主張するR. S. Lazarusと論争を繰り広げた（Lazarus=Zajonc論争）。

③ 報酬性刺激の情報は腹側被蓋野から側坐核に入り，側坐核からドパミンが分泌されることで，快感情が生じる。

④ Schererは，新奇性，快適性，目標重要性，適応可能性，規範一致性という5つの観点による評価によって感情が分化していくとした。

⑤ Buckは，生得的な生物的感情がベースとなって，社会的な発達との相互作用によって社会的感情が生じるとする感情の発達相互作用説を提唱した。

Q37 □□□

恐怖や嫌悪に関わる脳の部位として，正しいものを1つ選べ。

① 側坐核

② 海馬

③ 縁上回

④ 扁桃体

⑤ 松果体

Q38 □□□

基本感情の恐怖について，正しいものを1つ選べ。

① 副交感神経を興奮させる。

② 文化普遍的な表情は存在しない。

③ 対象に対する接近行動または逃避行動をとらせる。

④ 発生には海馬が関わっている。

⑤ 高次経路と低次経路という2つの生成ルートがある。

Q39 □□□

自尊感情について，正しいものを1つ選べ。

① 成人や中高年においては，時代の経過とともに自尊感情が上昇している。

② ある個別領域における自分自身による肯定的な評価のことである。

③ 他者との比較は自尊感情には関連しない。

④ 自己評価維持モデルは，人が自尊感情を維持または向上させる過程について示したモデルである。

⑤ 自尊感情には，自己と他者との関係の良好さを知らせる機能があるとされている。

A37 ④ ：感情に関する神経科学

① 側坐核は，報酬，快感，嗜癖などに関わる部位であり，ドパミンを放出し，快感情を生み出す。

② 海馬は，主に記憶に関わる部位である。

③ 縁上回は，音韻処理や言語性短期記憶に関わるとされている。

④ 扁桃体は側頭葉内側の奥にある神経細胞の集まりで，恐怖や嫌悪のような情動反応の処理や，短期記憶などについて重要な役割を担っている。

⑤ 松果体は，概日リズムを調整するホルモンであるメラトニンを分泌している。

A38 ⑤ ：恐怖

① 交感神経を興奮させる。

② P. Ekmanの研究により，文化普遍的な表情が存在するとされている。

③ 逃避行動はとらせるが，接近行動はとらせない。

④ 発生には扁桃体が関わっており，扁桃体が損傷すると恐怖の認知・表出が損なわれる（Klüver＝Bucy症候群）。

⑤ 視床から直接扁桃体に到達する経路を低次経路，視床から大脳新皮質（前頭前野腹内側皮質）を経由して扁桃体に到達する経路を高次経路と呼ぶ。

A39 ⑤ ：自尊感情

① 小塩ほか（2014）[※]のメタ分析の結果，時代の経過とともに（現在に近づくにつれ），成人や中高年の自尊感情は直線的に低下していることが示されている。

② 自己全体に対する肯定的な評価であり，領域固有のものではない。

③ L. Festingerは他者との比較（社会的比較）が自尊感情に関わっているとしている。

④ 自己評価維持モデルは特定領域における変動可能な評価についてのモデルであり，自尊感情は含まれない。

⑤ このような考えを，自尊感情のソシオメーター仮説と呼ぶ。

[※] 小塩真司・岡田 涼・茂垣まどか・並川 努・脇田貴文（2014）．自尊感情平均値に及ぼす年齢と調査年の影響―Rosenbergの自尊感情尺度日本語版のメタ分析― 教育心理学研究, *62*, 273-282.

基礎心理学

実 験 ・ 研 究

人体の構造／精神疾患

アセスメント／心理的支援

法 律 ・ 制 度

事 例

Q40

パーソナリティについて，正しいものを1つ選べ。

① T. Millonは，パーソナリティは2つの生物学的基盤に基づく次元で構成されるとしている。

② ニューヨーク縦断調査で最も多くみられたタイプは「平均的な子」である。

③ K. Lewinはパーソナリティを4つの遺伝要因（気質）と3つの環境要因（性格）の組み合わせでとらえるモデルを提唱した。

④ W. Mischelはパーソナリティの通状況的一貫性への批判を行った。

⑤ パーソナリティに対する遺伝の影響は知能や学業に比べて弱い。

Q41

パーソナリティの特性論について，正しいものを1つ選べ。

① 個人のパーソナリティを大雑把に把握するうえで有用である。

② 特性論に基づくパーソナリティ理論を最初に体系的に論じたのは，G. W. Allportである。

③ H. J. Eysenckは「外向―内向」と「積極性―消極性」の2つを基本的因子として抽出した。

④ C. G. Jungは「直観―感覚」と「思考―感情」という2次元でパーソナリティを把握しようとした。

⑤ R. B. CattellはQ分類を用いて16の根源特性を見出した。

Q42

態度及び態度変容について，正しいものを1つ選べ。

① 情報源の信憑性が低い情報では，時間の経過とともに情報内容が忘れられていく。

② F. Heiderのバランス理論では，個人内の2つの矛盾する認知に対する葛藤や反応が説明されている。

③ 精緻化可能性モデルでは，態度変容を促進する中心ルートと態度変容を抑制する周辺ルートという2つの経路が示されている。

④ リアクタンスが強い者は，説得を受けた際に，反発する傾向にある。

⑤ 所属集団内の成員の態度に合わせて自分の態度も変えることを服従と呼ぶ。

A40　④ ：パーソナリティ

① Millonは快楽追求―苦痛回避，自己志向―他者志向，能動性―受動性という3つの次元を提唱している。

② ニューヨーク縦断調査で最も多くみられたタイプは「扱いやすい子」（40%）である（「平均的な子」は35%で2番目に多かった）。

③ これはC. R. Cloningerが提唱した7次元モデルの説明である（Lewinはゲシュタルト心理学の立場から場の理論を提唱した）。

④ Mischelのこの批判から，一貫性論争（人間―状況論争）が引き起こされた。

⑤ 双生児法では，パーソナリティ（外向性，神経質）に関する一卵性双生児と二卵性双生児との差は，知能や学力における差とほぼ変わらないことが示されている。

A41　② ：パーソナリティの特性論

① 個人のパーソナリティを大雑把に把握するという点では，類型論の方が優れている。

② Allportは語彙アプローチを用いてパーソナリティの共通特性と独自特性の分類を行った。

③ Eysenckの2因子は「外向―内向」と「情緒的安定―不安定（神経症傾向）」である。

④ Jungは4つの機能（思考，感情，感覚，直観）とリビドーが向かう方向（内向，外向）をもとに8つの類型を示した。

⑤ Cattellが用いたのは因子分析である。

A42　④ ：態度

① 情報源の信憑性が低い場合，時間の経過とともに，情報内容は失われないが，情報源が失われる（忘れられる）ことがあり，これをスリーパー効果と呼ぶ。

② Heiderのバランス理論は，ある対象（X）に対する自分（P）と他者（O）の態度の関連性を示したものである。

③ 精緻化可能性モデル（ELM）は，精緻化可能性が高い場合にとる中心ルートと，精緻化可能性が低い場合にとる周辺ルートで構成されている。

④ 説得されることで自分の自由が脅かされると考え，説得に反発する特性をリアクタンスと呼ぶ。

⑤ 服従ではなく同調の説明である。

基礎心理学

実験・研究

人体の構造／精神疾患

アセスメント／心理的支援

法律・制度

事例

Q43 ·· □□□

社会的手抜きについて，正しいものを1つ選べ。

① 集団の努力量が個人の努力量の総和よりも低下する現象。
② 集団での意思決定の質が個人の意思決定の質よりも低下する現象。
③ 個人で考えることなく集団の意見に合わせる現象。
④ 個人の利益を追求することで社会全体の不利益が生じる現象。
⑤ 集団で議論をするうちに，個人が当初もっていた意見の平均よりも極端な方向に結論が偏ること。

Q44 ·· □□□

集団思考が起こる要因として，誤っているものを1つ選べ。

① 集団のメンバー間の凝集性が高い。
② 集団に課せられた期待や責任が重い。
③ リーダーが明確な指示を出さない。
④ 集団外の人物から意見を聞くような機会がない。
⑤ 時間的な制約がある。

Q45 ·· □□□

傍観者効果が生じる要因として，誤っているものを1つ選べ。

① 責任の分散
② 多元的無知
③ 匿名性
④ 排他性
⑤ 聴衆抑制

A43 　　① ：社会的手抜き

① たとえば綱引きの実験では，個々の引く力の総和よりも，集団で引く力の方が低いことが示されている。
② 集団浅慮(集団思考)のことである。
③ 同調のことである。
④ 社会的ジレンマのことである。
⑤ 集団極性化のことである。

A44 　　③ ：集団思考

① 集団の凝集性が高いことで，批判などが生じにくくなる。
② 集団に課せられた期待や責任が重いと，プレッシャーが生じ，無難な結論になりやすい。
③ リーダーが明確な指示を出し，それに従ってしまうことで集団思考が生じる。
④ 外部からの隔絶によって，異なる視点や意見を取り入れることができなくなる。
⑤ 時間的な制約があることで，議論が早期に収束してしまう。

A45 　　④ ：傍観者効果

① 他にも助けなかった人がいるから，援助をしなかったことによる責任は自分だけではなく，その他の人も負うことで，責任が分散されると考え，援助しなくなる。
② 多元的無知とは，誰も援助しないのだから，大したことではないだろうと，多数の者が思うことであり，それによって援助が抑制される。
③ 自分がどこの誰であるかわからないので，援助をしなくても責められたりしないと思い，援助を行わない。
④ 排他性は他の者を所属集団に入れることに抵抗・拒否する傾向のことであり，傍観者効果とは関連がない。
⑤ 周りに人がいることで，援助に失敗したときに非難されるかもしれないと思い，援助が抑制される。

Q46 .... □□□
　周囲に他者が存在することで，個人の課題の遂行が抑制される現象として，正しいものを１つ選べ。

① 社会的ジレンマ
② 社会的抑制
③ 傍観者効果
④ 社会的手抜き
⑤ 集団浅慮

Q47 .... □□□
社会的推論について，正しいものを１つ選べ。

① 対応バイアスとは，人が他者のある行動の原因を考える際に，内的要因よりも外的要因の方に帰属しやすい傾向のことである。
② 本来無関係な２つの事象をあたかも関連があるかのように考えてしまうことを，幻相関と呼ぶ。
③ 自分の既有知識や仮説に合致した情報を好んで注目してしまう傾向を自己奉仕的バイアスと呼ぶ。
④ 代表性ヒューリスティックとは，想起しやすい情報の生起確率を高く評価してしまうことである。
⑤ 観察者がいると，行為者が観察者の存在を意識して，普段とは異なる判断をしてしまうことを，行為者—観察者バイアスと呼ぶ。

Q48 .... □□□
社会的推論について，正しいものを１つ選べ。

① H. Kelleyは，他者の行動の帰属は弁別性，一貫性，合意性の組み合わせによって決定されるとする理論を提唱した。
② 認知資源を節約するために行われる簡便で直観的な判断方略を，アルゴリズムと呼ぶ。
③ 対応推論理論では，社会規範や役割に従う行動ほど内的属性に帰属されやすいとしている。
④ 基本的帰属の誤りとは，対人認知過程において，事前の情報と合致する情報だけを収集してしまうことである。
⑤ 人の一部のよい部分を見て，その人物全体を肯定的に評価してしまうことを確証バイアスと呼ぶ。

A46　　②　：社会的影響

① 社会的ジレンマとは，個々人が個人的な利益を優先して行動した結果，社会全体として不利益が生じる現象のことである。

② 社会的抑制は，慣れていない課題や難易度の高い課題の場合に生じやすい。

③ 傍観者効果とは，周囲に他者が多数いることで援助行動が抑制される現象のことである。

④ 社会的手抜きとは，集団で何らかの作業を行う際に，個々が実際にもつ能力による成果の総和よりも，集団での成果の方が低下する現象のことである。

⑤ 集団浅慮とは，集団での意思決定が，個人での意思決定よりも質が低くなり，時には誤った判断になる現象であり，集団思考ともいう。

A47　　②　：社会的推論

① 対応バイアス（基本的帰属の誤り）とは，ある行動の原因を考える際に，外的要因（状況）よりも内的要因（能力，パーソナリティ等）に過剰に帰属してしまう傾向のことである。

② たとえば，血液型とパーソナリティの間に関連を見出す現象であり，錯誤相関とも呼ばれる。

③ 確証バイアスの説明である。

④ 利用可能性ヒューリスティックの説明である。

⑤ 行為者―観察者バイアスとは，自分が行為者のときの失敗は外的要因に，他者の失敗を見ている観察者のときはその失敗を内的要因に帰属する傾向のことである。

A48　　①　：社会的推論

① Kelleyのこのモデルは共変モデルと呼ばれる。

② このような直観的な判断方略を，ヒューリスティックと呼ぶ。

③ 対応推論理論では，社会規範や役割に従う行動は内的属性に帰属されにくいが，それらに逸脱する行動は内的属性に帰属されやすいとしている。

④ 確証バイアスの説明である。

⑤ ハロー効果の説明である。

Q49 □□□

集団間過程について，正しいものを1つ選べ。

① 偏見とはある個人や集団に対する信念であり，否定的なものだけでなく，肯定的なものや中立的なものも含まれる。

② ステレオタイプの対象者がステレオタイプに反する行動をすることを，ステレオタイプ脅威と呼ぶ。

③ 少数者の確信をもった一貫した意見が多数の意見を変える現象を，マイノリティ・インフルエンスと呼ぶ。

④ 内集団均質化は，内集団の規模が大きくなるほど生じやすい。

⑤ ステレオタイプは意識的に抑制・統制することが容易である。

Q50 □□□

集合現象について，正しいものを1つ選べ。

① ある集合現象を起こす人々はある程度固定的である。

② ある集合現象を起こす人々の目標は明確で，目標が達成されると解散する。

③ 流言の流布量は問題の重要性と情報源の信頼性との積に比例する。

④ ある集合現象を起こす人々には共通の心理的基盤が存在する。

⑤ パニックの発生には物理的な条件は関連しない。

Q51 □□□

集合現象に含まれないものを1つ選べ。

① 戦争

② パニック

③ デモ

④ 流言

⑤ 野次馬

A49 ③ :集団間過程

① ステレオタイプは肯定的な信念や中立的な信念も含むが，偏見は否定的な信念の
みで構成されている。

② ステレオタイプ脅威とは，ステレオタイプ対象者が自分たちの行動の解釈の枠組
みとしてステレオタイプを用いることにより，結果としてステレオタイプを受
容・追認する傾向のことである。

③ マイノリティ・インフルエンスはS. Moscoviciの実験などで明らかにされてい
る。

④ 内集団均質化は外集団に比べて内集団の規模が著しく小さく，判断次元が集団に
とって中心的なものであるときに生じやすい。

⑤ ステレオタイプを意識的に抑制しようとすると，反動でステレオタイプ的判断が
なされてしまうことがある（リバウンド効果）。

A50 ④ :集合現象

① 集合現象は組織化されていない不特定多数の人々が起こすものである。

② 集合現象を起こす人々の目標は流動的であり，最初に集まった際の目的が他の目
的に代わることもある。

③ G. W. Allportらは，流言の流布量は問題の重要性と状況のあいまいさの積に比
例するとしている。

④ 不安や恐怖，興味など何らかの心理的基盤を共有している。

⑤ 出入り口や通路が狭い，逃げ場がない，群衆密度が高いなど，構造的にパニック
が起こりやすい環境がある。

A51 ① :集合現象

① 集合現象は制度的な規範による統制をあまり受けず，比較的組織化されていない
集合体が示す社会的事象のことであるが，戦争は軍隊という制度的で組織化され
た集団が行う現象であるため，集合現象には含まれない。

② パニックは，不安や恐怖によって生じる集団的な逃走現象である。

③ デモは，社会・集団に対して向けられた敵意によって生じる集団的行動である。

④ 流言は，あいまいな状況下に置かれた人々が，もっている知識を寄せ集めること
で，その状況について有意味な解釈を行おうとするコミュニケーションのことで
ある。

⑤ 野次馬は，共通の出来事に対して興味をもった人々が集まる現象である。

Q52 □□□

乳児について，正しいものを１つ選べ。

① 視力は誕生から数日で成人と同程度になる。

② 原始反射の多くは１～２か月で消失する。

③ 生後３か月ころから喃語を発するようになる。

④ 社会的微笑は生後６か月ころからみられる。

⑤ 生後４か月ころから人見知りが始まる。

Q53 □□□

生後６か月の乳児にみられるものとして，正しいものを１つ選べ。

① 対象の永続性

② 生理的微笑

③ クーイング

④ 寝返り

⑤ モロー反射

Q54 □□□

乳児に対する実験法について，正しいものを１つ選べ。

① 選好注視法では，乳児に複数の視覚刺激を連続的に見せる。

② 期待違反法は，乳児に感覚刺激を与え，実験者が期待する反応が生じなかった回数をカウントするものである。

③ 選好法は，視覚や聴覚については用いることができるが，嗅覚について用いることはできない。

④ 馴化―脱馴化法では，刺激の弁別ができるかどうかを明らかにすることができる。

⑤ 期待違反法では，乳児は不可能事象よりも可能事象の方に長時間関心を示す。

A52　②：乳児

① 誕生直後の乳児の視力は0.02程度で，成人と同程度になるのは3～5歳ころである。

② 一部残るものもあるが，大脳の急速な発達に伴い，原始反射は消失し，随意運動に置き換わる。

③ 生後2～3か月でクーイングが始まり，喃語を発するようになるのは6か月前後である。

④ 社会的微笑は生後2～3か月ころからみられる。

⑤ 人見知りは生後6～8か月ころからみられるようになる。

A53　④：生後6か月児の特徴

① 対象の永続性は，生後8か月ころからみられるようになる。

② 生理的微笑は，生後2～3か月で消失し，代わりに社会的微笑がみられるようになる。

③ クーイングは生後2～3か月ころにみられるが，その後，喃語が発生することで，みられなくなる。

④ 生後3～4か月で首がすわり，生後6か月前後で寝返りをするようになる。

⑤ バビンスキー反射以外の原始反射は，生後6か月以内に消失する（モロー反射は生後4か月ころに消失する）。

A54　④：乳児に対する実験法

① 選好注視法では，2つの視覚刺激を対呈示する。

② 期待違反法では，乳児が知っていることとは異なる事象（不可能事象）に対する関心や驚き，注視について観察する。

③ 選好法は，嗅覚についても用いることができる。

④ 馴化―脱馴化法とは，ある刺激を呈示し，乳児がその刺激に慣れた（反応しなくなった）ところで異なる刺激を呈示した際に反応するかどうかを確認する方法であり，これにより最初に示した刺激とあとに示した刺激が弁別できているか否かを明らかにすることができる。

⑤ 期待違反法では，乳児が知っている事象（可能事象）よりも不可能事象の方に長く注意が向けられる。

Q55 □□□

幼児期の思考について，正しいものを１つ選べ。

① 生命のない対象であっても，生きている，命があると考えることを人工論と呼ぶ。

② 思考の脱中心化が生じる。

③ 心の理論が獲得される。

④ 共同注意が可能になる。

⑤ 素朴理論は幼児期までに消失する。

Q56 □□□

思春期・青年期の心身について，正しいものを１つ選べ。

① 親からの心理的な自立を意味する心理的離乳を獲得していく時期である。

② 第二の発育スパートは男女ともほぼ同時期に生じる。

③ 気分障害の罹患率が生涯で最も高い。

④ 自尊感情の高まりがみられる。

⑤ 大脳皮質のなかでも後頭葉の発達が顕著である。

Q57 □□□

アタッチメントについて，正しいものを１つ選べ。

① 不適切な養育をする親との間にはアタッチメントは形成されない。

② アタッチメントのスタイル（タイプ）は大きく４つに分けられる。

③ J. Bowlby はアタッチメントの個人差を把握するため，ストレンジシチュエーション法を用いた。

④ アタッチメントは乳児期の親子関係の質に関するものであり，青年期以降の対人関係には関わらない。

⑤ アタッチメントの質は子の気質に大きく影響を受ける。

A55　③ ：幼児期の思考

① アニミズムの説明である。

② 思考の脱中心化が生じるのは，児童期（具体的操作期）である。

③ 心の理論は4歳前後で獲得される。

④ 共同注意は生後8～12か月で可能になる。

⑤ 素朴理論は児童期まで継続し，抽象理論の理解に支障をきたす場合がある。

A56　① ：思春期・青年期の心身

① 心理的離乳はL. S. Hollingworthが提唱した概念である。

② 第二の発育スパートは男子よりも女子の方が約2年早く始まる。

③ 気分障害の罹患率が生涯で最も高いのは40歳台である。

④ 自尊感情は青年期（特に中学生ころ）が最も低い。

⑤ 前頭葉や側頭葉が発達する。

A57　② ：アタッチメント

① 不適切な養育をする親との間では，不安定なアタッチメントが形成される。

② タイプA（回避型），タイプB（安定型），タイプC（アンビバレント型），タイプD（無秩序・無方向型）の4つのタイプに分けられる。

③ ストレンジシチュエーション法を開発したのは，M. D. Ainsworthらである。

④ 乳児期のアタッチメントの質は，成長とともに内在化し，内的ワーキングモデルとして，青年期以降の対人関係に影響を及ぼすとされている。

⑤ アタッチメントの質は，子の気質と親の養育態度の相互作用によって規定されるものである。

Q58 .... □□□

親と子の関係について，正しいものを１つ選べ

① P. M. Symondsは親の養育態度を「支配―服従」と「肯定―否定」の２次元からとらえた。

② 反応性アタッチメント障害とは，乳幼児期に養育者からの十分な養育が受けられなかった子どもが示す無分別で不適切な愛着行動を特徴とする。

③ J. Bowlbyは，H. Harlowの実験などを参考に，乳児は他者との関係を築き維持しようとする行動傾向を生得的に備えていると考えた。

④ D. H. Olsonは，凝集性とコミュニケーションの組み合わせにより家族機能の適応性を把握するモデルを提唱した。

⑤ M. D. Ainsworthらは，ストレンジシチュエーション法を用いて，４つの愛着のタイプを見出した。

Q59 .... □□□

J. Piagetの認知発達理論について，正しいものを１つ選べ。

① 三つ山問題は対象の永続性の獲得を確認するために考案された課題である。

② 既存のシェマでは適切に処理できない事象について，既存のシェマを変化させることを均衡化と呼ぶ。

③ 直観的思考期になると，保存の課題に正答できるようになる。

④ 前概念的思考期では，言葉と概念が十分に関連しておらず，過大拡張がみられる。

⑤ 具体的操作期に入ると，徐々にごっこ遊びや延滞模倣ができるようになる。

Q60 .... □□□

J. Piagetの認知発達理論について，正しいものを１つ選べ。

① 既存のシェマに同化できない新たな事象に合わせてシェマを調節することが認知発達の基本であるとした。

② ２歳までに延滞模倣が可能になる。

③ 前操作期において保存が獲得される。

④ 自己中心性は，具体的操作期の特徴のひとつである。

⑤ 発声されない思考の道具としての言語を自己中心的言語と呼んだ。

A58　③　：親と子の関係

① Symondsは「支配─服従」と「受容─拒否」の２次元によって，養育態度を４つに分類した。

② 脱抑制型対人交流障害の説明である。

③ Harlowの実験では，布製の代理母と針金製の代理母に対するアカゲザルの赤ちゃんの反応が異なることを示した。

④ Olsonの円環モデルは，凝集性と適応性の２次元で図示されており，コミュニケーションの次元は促進次元として扱われている。

⑤ Ainsworthらはストレンジシチュエーション法を通して，３つの愛着のタイプを見出した（タイプD〈無秩序・無方向型〉は，のちにM. MainとJ. Solomonによって見出された）。

A59　④　：J. Piagetの認知発達理論

① 三つ山問題は脱中心化（思考の自己中心性から脱すること）を把握するための課題である。

② 調節の説明である。

③ 保存の課題に正答できるようになるのは，具体的操作期に入ってからである。

④ 過大拡張とは，たとえば四つ足の動物をすべて「ワンワン」と表現する状態のことであり，前概念的思考期（前操作期の前半）でみられる。

⑤ ごっこ遊びや延滞模倣は，前概念的思考期（２～４歳ころ）からみられる。

A60　①　：J. Piagetの認知発達理論

① Piagetは，人の知的（認知）発達は，既存のシェマが調節され，新しいシェマへと変化していく過程であるとしている。

② 延滞模倣は，前操作期の前半である前概念的思考期（２～４歳ころ）で可能になる。

③ 保存が獲得されるのは，具体的操作期に入ってからである。

④ 自己中心性は，前操作期における思考の特徴のひとつである。

⑤ 自己中心的言語とは，思考の道具として使われているが，発声を伴っている言語のことである。

Q61 ··· □□□

E. H. Eriksonの心理社会的発達理論について，正しいものを1つ選べ。

① 人の生涯を9つの発達段階に分けて論じた生涯発達理論である。

② 老年期では，次世代の形成・育成に対する関心が重要なテーマとなる。

③ 青年期以前の心理社会的危機は青年期において再び問い直される。

④ 学童期はリビドーが抑圧・不活性化するため，モラトリアムの時期であるとされる。

⑤ 各発達段階の心理社会的危機では，ポジティブな特性とネガティブな特性のどちらかを選択することが求められる。

Q62 ··· □□□

E. H. Eriksonの心理社会的発達理論について，正しいものを1つ選べ。

① 心理社会的危機とは，各発達段階において心理的に不安定になり，精神疾患等の危険性が高くなることを意味している。

② 青年期までの人の心理的な発達をとらえた理論である。

③ 心理社会的危機においては，適応的な特性が不適応的な特性を上回るバランスで維持されることが，適応において重要である。

④ 心理社会的危機において，不適応的な特性が完全になくなることで基本的強さ（徳）が得られるとされている。

⑤ S. Freudのリビドーを否定した理論である。

Q63 ··· □□□

E. H. Eriksonの心理社会的発達理論における学童期の心理社会的危機として，正しいものを1つ選べ。

① 基本的信頼　対　基本的不信

② アイデンティティ　対　アイデンティティ混乱

③ 自律性　対　恥・疑惑

④ 親密性　対　孤独

⑤ 勤勉性　対　劣等感

A61　③　：E. H. Eriksonの心理社会的発達理論

① 人の人生を8つの段階に分けた理論である。

② 次世代の形成・育成に対する関心であるジェネラティビティ（生成継承性）は，成人期の心理社会的危機である。

③ たとえば，乳児期の「基本的信頼　対　基本的不信」は，青年期では「時間的展望　対　時間的展望の拡散」として問い直される。

④ モラトリアム（moratorium）とは，青年期において，アイデンティティを模索するための時期である。

⑤ 各発達段階では，ポジティブな特性とネガティブな特性の安定的なバランスが求められる。

A62　③　：E. H. Eriksonの心理社会的発達理論

① 心理社会的危機とは，各発達段階において，次の段階に適応的に進むか病理的に進むかの分岐点という意味であり，不安定さや精神疾患等の危険性を意味するものではない。

② 老年期までを含めた生涯発達理論である。

③ 適応的な特性あるいは不適応的な特性のいずれかが完全にゼロになることはなく，両者のバランスが適応に関わっている。

④ 不適応的な特性が完全になくなることはなく，適応的な特性が不適応的な特性を上回ると基本的な強さが得られるとされている。

⑤ Eriksonの理論にもリビドーの概念は用いられているが，Freudほど強調されてはいない。

A63　⑤　：E. H. Eriksonの心理社会的発達段階

① 乳児期の心理社会的危機である。

② 青年期の心理社会的危機である。

③ 幼児期初期の心理社会的危機である。

④ 成人期前期の心理社会的危機である。

⑤ 勤勉性（industry）は，「真面目さ」というよりも，「役に立てている」「うまくやり遂げることができる」という感覚のことである。

Q64

次世代の育成に対する関心を表す用語として，正しいものを１つ選べ。

① competence
② generativity
③ self-efficacy
④ moratorium
⑤ integrity

Q65

道徳性・道徳判断の発達理論について，正しいのを１つ選べ。

① J. Piagetは６段階の道徳性の発達を提唱した。
② L. Kohlbergは向社会的行動の観点から道徳性の発達について理論化した。
③ J. Piagetは「ハインツのジレンマ」のようなジレンマ課題を用いて道徳性の発達について検討した。
④ C. Gilliganはそれまでの道徳性の発達理論が男性視点によるものであると批判した。
⑤ N. Eisenbergは他律的な道徳判断から自律的な道徳判断へと発達していくとした。

Q66

高齢者の認知・心理について，正しいものを１つ選べ。

① 高齢者が死亡する前に認知機能の急低下がみられる現象は，繰り返し確認されている。
② 若年者では右側前頭葉のみの活動が観察される認知課題を高齢者に実施すると，左右両側の前頭葉の活動が観察される。
③ 「こころ」の加齢モデルでは，生物学的・社会的側面の加齢が心理的加齢に及ぼす影響を，ソーシャルサポートが媒介していると仮定している。
④ 認知症になった者が有している残存認知能力のことを認知の予備力と呼ぶ。
⑤ 高齢者はポジティブな情報よりもネガティブな情報に注意を向けやすい。

A64　②：生成継承性

① competenceは環境への適応能力を意味する概念であり，有能感と訳されることがある。

② generativityは生殖性，世代継承性とも訳され，E. H. Eriksonの心理社会的発達段階における第7段階（成人期）の心理社会的危機である（生成継承性　対　停滞）。

③ self-efficacyは自分が状況に対して必要な行動を遂行できるという可能性を認知していることであり，自己効力感とも訳される。

④ moratorium（モラトリアム）は，青年期においてアイデンティティの模索や役割実験を行うために，社会的な義務や責任が猶予されている状態のことを意味する概念である。

⑤ integrityは，Eriksonの心理社会的発達段階における第8段階（老年期）の基本的強さ（徳）である英知のことである。

A65　④：道徳性・道徳判断の発達理論

① Piagetは3段階からなる道徳性の発達理論を提唱した。

② Kohlbergはジレンマ課題を用いて，道徳性の発達について検討した。

③ Piagetは規則に対する認識の観点から道徳性の発達を理論化した。

④ Gilliganは女性視点を踏まえて「配慮と責任」の道徳性の発達を理論化した。

⑤ Eisenbergは向社会的行動の観点から道徳性発達について理論化した。

A66　②：高齢者の認知・心理

① この現象を終末低下と呼ぶが，反する結果や多様な関連要因があげられており，繰り返し確認されているとはいえない。

② この現象をHAROLD（Hemispheric Asymmetry Reduction in Older Adults）と呼び，脳機能・認知機能の低下に対する補償的な働きであるとされている。

③ 「こころ」の加齢モデルでは，生物学的・社会的側面の加齢が心理的加齢に及ぼす影響を，補償プロセスが媒介していると仮定している。

④ 認知機能を刺激するような知的活動に従事することが認知症の発症を遅らせたり，認知機能の低下を防止したりすることを認知の予備力と呼ぶ。

⑤ 高齢者は若年者よりもポジティブな情報に注意を向けやすく，これをポジティビティ効果と呼ぶ。

Q67 □□□

高齢者の心理的適応について，正しいものを1つ選べ。

① 退職をしたあとでも，活動量を減らさないように努めることが重要である。

② 幸福感が他の年齢段階に比べて急激に低下する。

③ ワークライフバランスが適応において重要となる。

④ 安定的で，役割や時間によって変動しにくい援助資源を確保することが求められる。

⑤ これまで行ってきた活動をすべてやめ，限りある資源で行うことができる活動に切り替えていく必要がある。

Q68 □□□

高齢期の適応について，正しいものを1つ選べ。

① 高齢期になると，心身の衰えや配偶者・友人の喪失などが生じるため，他の年代よりも幸福感が減退する。

② 身体的・心理的な良好さを意味するウェルビーイングの向上が重要である。

③ ソーシャルコンボイモデルは，高齢者同士が関わり，相互に支援する重要性を表している。

④ 買い物は日常生活動作（ADL）に含まれる。

⑤ 加齢に伴ってできなくなったことを代替する手段を獲得し，自己の資源を維持・向上させることが求められる。

Q69 □□□

高齢者に対するエイジズム（ageism）について，正しいものを1つ選べ。

① R. N. Butlerは「老い」に対する3つの偏見を指摘している。

② 高齢者虐待防止法では，エイジズムの禁止を規定している。

③ マスメディアなどが高齢者に関する正しい知識を提供することは，高齢者に対するエイジズムの低減には寄与しない。

④ 無自覚に高齢者に対するエイジズムを抱いている者も少なくない。

⑤ 高齢者に対するエイジズムが高齢者虐待につながることはない。

A67　④ ：高齢者の適応

① 活動理論の説明であるが，高齢期に入って活動量を維持することは困難である。
② 他の年齢段階と比較しても高齢者の幸福感は低くないことが指摘されており，これをエイジング・パラドクスと呼ぶ。
③ ワークライフバランスが重要になってくるのは，成人期（特に中年期）である。
④ ソーシャルコンボイのなかでも中核となる援助資源を確保することが重要となる。
⑤ 限りある資源で行うことができる活動に切り替えることは適切であるが，そのためにこれまで行ってきた活動をすべてやめる必要はない。

A68　⑤ ：高齢者の適応

① 高齢期は他の世代に比べて幸福感が低くないことが指摘されている（エイジング・パラドクス）。
② ウェルビーイングは，身体的・心理的・社会的に良好な状態を表す用語である。
③ ソーシャルコンボイモデルは，支援対象となる高齢者を中心とした三重の同心円モデルであり，中心円ほど身近で安定的な支援者が配置される。
④ 買い物はADLには含まれない。
⑤ 選択最適化補償理論（SOC）の説明である。

A69　④ ：エイジズム

① Butlerはエイジズムを「高齢であることを理由に人々を系統的にステレオタイプ化して差別するプロセス」と定義し，「老い」に対する偏見として，潜在能力の低下，衰弱，非生産性，平穏，柔軟性の欠如という「5つの神話」を指摘している。
② 高齢者虐待防止法にはエイジズムの禁止に関わる規定はない。
③ 高齢者に関する正しい知識の提供・共有や高齢者との交流などは，高齢者に対するエイジズムの低減に寄与するとされている。
④ エイジズムを含めた偏見は，無自覚に抱いていることが少なくない。
⑤ エイジズムに基づく態度によって，高齢者虐待を行ってしまうおそれがある。

基礎心理学

実験・研究

人体の構造／精神疾患

アセスメント／心理的支援

法律・制度

事例

Q70 □□□

犯罪・非行に関する理論・研究について，正しいものを1つ選べ。

① E. Kretschmer は素質と犯罪性との関連について検討した。

② C. Lombroso は犯罪者の骨盤には形態異常があり，それが原始人類のものと類似していることを示した。

③ K. Schneider は犯罪者にみられる性格特性をマキャベリアニズムとしてまとめた。

④ A. K. Cohen は，非行をする少年は集団よりも個を重視する特徴を有していると論じた。

⑤ H. S. Becker は，犯罪者が自分自身を犯罪者であるとラベリングすることで犯罪者としての自覚を有するようになると述べた。

Q71 □□□

犯罪・非行に関する理論・研究として，正しいものを1つ選べ。

① 合理的選択理論では，犯罪者は犯罪による利益と失敗時の損失を考慮した合理的な自由意思のもと犯罪を行っているとしている。

② C. Lombroso は，犯罪者は学習によって形成されると論じた。

③ T. Hirschi の社会的絆理論では，人が犯罪を行わないのは愛着，投資，巻き込みという3つの要因によるとされている。

④ 日常活動理論では，動機づけられた犯罪者と適当な犯罪の標的という2つの要因によって犯罪が生じるとしている。

⑤ W. Healy は社会的学習理論の立場から，情動障害理論と呼ばれる非行理論を打ち出した。

Q72 □□□

軽微な秩序違反を取り締まることが，重大な犯罪の抑止・予防につながるとした理論として，あてはまるものを1つ選べ。

① 合理的選択理論

② 社会的絆理論

③ 分化的接触理論

④ 割れ窓理論

⑤ 日常活動理論

A70 　① ：犯罪・非行に関する理論・研究

① Kretschmerは，窃盗犯や詐欺犯には細長型（分裂気質）が多く，肥満型（躁うつ気質）には犯罪者は少ないなど，素質と犯罪との関連を示した。

② Lombrosoは犯罪者の頭蓋骨の形態異常を指摘した。

③ Schneiderは犯罪者特有の性格特性をサイコパスとしてまとめた。

④ Cohenは，非行少年は集団主義や短絡主義を特徴とする非行少年特有の文化（非行サブカルチャー）に生きていると主張した。

⑤ Beckerは，社会が犯罪者に行うラベリングが犯罪者・非行少年を生み出しているとした。

A71 　① ：犯罪・非行に関する理論・研究

① 合理的選択理論は，犯罪者は衝動的に犯罪を行っているのではなく，犯罪による利益やコスト，リスクを勘案して合理的な自由意思のもとに行っているとしている。

② Lombrosoは，犯罪者は生まれながらにして犯罪者としての形質を有するとする生来性犯罪者説を提唱した。

③ Hirschiが提唱した社会的絆理論では，愛着，投資，巻き込み，規範意識の4つの要因が犯罪を抑止しているとしている。

④ 日常活動理論では，犯罪は，(1)動機づけられた犯罪者，(2)適当な犯罪の標的，(3)適切な監督者の不在，の3つがそろうことで生じるとしている。

⑤ Healyは，心のエネルギーの流れ（情動）を統制する自我の機能不全状態を情動障害として，心理力動的な観点から非行理論を打ち立てた。

A72 　④ ：犯罪に関する理論

① 合理的選択理論は，犯罪者は犯罪から得る利益と失敗時の損失を考慮して，犯罪をするかどうか，犯罪の方法などを決めているとする理論である。

② 社会的絆理論はT. Hirschiが提唱した理論で，社会との絆（愛着，投資，巻き込み，規範意識）が犯罪を抑止しているとする理論である。

③ 分化的接触理論はE. H. Sutherlandが提唱した理論で，非合法的な文化に接近したときに反社会的な行動パターンを学習することで犯罪や非行を行うようになるとした理論である。

④ 割れ窓理論はJ. Q. WilsonとG. L. Kellingによって提唱された理論であり，ニューヨーク市政でも用いられた。

⑤ 日常活動理論は，犯罪は，(1)動機づけられた犯罪者，(2)適当な犯罪の標的，(3)適切な監督者の不在，の3つがそろうことで生じるとした。

Q73 ────────────────────────────── □□□

D. A. Andrews と J. Bonta が主張する RNR モデル(Risk-Need-Responsivity model)について，正しいものを１つ選べ。

① RNR モデルは，犯罪予防のために状況に働きかけていくことの重要性について論じたモデルである。

② Need とは，食料や金銭など，犯罪者を犯罪に駆り立てる外的要因のことである。

③ 犯罪者の再犯リスクと同程度の密度の処遇を行うことが重要である。

④ 処遇にあたっては，犯罪者の能力や学習スタイルは考慮せずに，形式の決まったプログラムを実施することが求められる。

⑤ 犯罪者の認知や態度の変容よりも，外的な援助資源を備えさせることに重点を置いている。

Q74 ────────────────────────────── □□□

D. A. Andrews と J. Bonta が主張する RNR モデル(Risk-Need-Responsivity model)について，正しいものを１つ選べ。

① Need とは，社会で生活するうえで求められる知識やスキルのことである。

② 法務省ケースアセスメントツール(MJCA)はこのモデルに立脚して開発された。

③ 犯罪者の再犯リスクよりも一段階高い密度をもつ処遇を行うことで，再犯を抑制できる。

④ Responsivity 原則は大きく３つに分類される。

⑤ 「人間の財」を備え，幸福や満足を得られるようにすることで犯罪からの離脱を目指すモデルである。

Q75 ────────────────────────────── □□□

高齢者の事件・事故に関する目撃証言の特徴として，正しいものを<u>２つ</u>選べ。

① 聴取者の言動によって証言内容が変わることは少ない。

② 見ていないものを見たと誤認することが多い。

③ 見たこと自体は覚えているが，どこで見たのかわからなくなる傾向がある。

④ 見たことを忘れて，見ていないと思い込む傾向がある。

⑤ 凶器に注意を向けることで，顔などに意識が向きにくくなる。

A73 ③ ：Risk-Need-Responsivity モデル

① RNR モデルは，犯罪・非行を行った者への働きかけ（処遇）についての理論である。

② Need とは，向犯罪的態度や低い問題解決能力など，再犯に関連する要因で，処遇によって変化させることができる要因のことである。

③ 再犯リスクに合わない処遇を行うと，処遇の効果がみられなかったり，再犯リスクを高めたりすることがある。

④ 処遇にあたっては，犯罪者の能力や学習スタイルを考慮する必要があり，これを Responsivity モデルと呼ぶ。

⑤ 適切な処遇を行うことで，犯罪者の認知や態度の変容を目指す。

A74 ② ：Risk-Need-Responsivity モデル

① Need とは向犯罪的態度など，処遇で変えることができる再犯に関わる要因のことである。

② 静的領域と動的領域で構成され，再非行の可能性を4段階で評価することができる。

③ 犯罪者の再犯リスクと同程度の密度をもった処遇を行うことが有効であるとしている。

④ Responsivity 原則は，一般反応性と特殊反応性の2つに分けられる。

⑤ D. R. Laws と T. Ward の「良き人生モデル（Good Lives Model）」の説明である。

A75 ②と③ ：高齢者の目撃証言

① 子どもや高齢者は被誘導性が高いため，聴取者の言動によって証言内容が変わることがある。

② 高齢者は見ていないものを見たと思い込む傾向があり，これをフォールスメモリーと呼ぶ。

③ 見たこと自体は覚えているが，どこで見たのか覚えていないことをソースモニタリングエラーと呼び，高齢者の特徴のひとつとされている。

④ 高齢者は見たことは覚えている傾向がある。

⑤ 凶器注目効果と呼び，高齢者に限らずすべての年代でみられる現象であるため，高齢者の特徴とはいえない。

基礎心理学

実験・研究

人体の構造／精神疾患

アセスメント／心理的支援

法律・制度

事例

Q76 □□□

高齢者の特殊詐欺被害とその心理について，正しいものを１つ選べ。

① 多くの被害者は，自身が詐欺被害に遭うリスクを過小評価している。

② 金融機関の職員等の声かけは，あまり成果をあげていない。

③ 特殊詐欺被害認知件数における65歳以上の者の被害認知件数は50％程度である。

④ 高齢者の詐欺脆弱性は若者よりも高い。

⑤ 男性高齢者の方が女性高齢者よりも特殊詐欺被害認知件数が多い。

Q77 □□□

ワークモチベーションについて，正しいものを１つ選べ。

① D. C. McClellandは，人は経済的欲求以外に，親和欲求と達成欲求の２つによって仕事に動機づけられると主張した。

② C. P. Alderferは生存欲求が満たされると関係欲求や成長欲求が生じるとした。

③ F. W. Taylorはワークモチベーションの人間関係論の基礎となる実験を行った。

④ F. Herzbergは労働の満足度を高める要因と不満足を生じさせる要因が異なることを明らかにした。

⑤ D. McGregorは労働者が管理者をみる見方をもとに動機づけ理論を提唱した。

Q78 □□□

ワークモチベーションについて，正しいものを１つ選べ。

① ERG理論では低次の欲求が満たされると高次の欲求が生じるとされている。

② 動機づけ―衛生理論は，職場環境の清潔さが動機づけに影響を及ぼすことを示した。

③ J. S. Adamsは，労働者は自分の貢献度と他の労働者の貢献度が同等になることを目指して行動や認知を変えることを指摘した。

④ V. H. Vroomの期待理論では，仕事における行動が成功する確率（期待）の大きさによって労働意欲が変化するとしている。

⑤ 目標設定理論では，目標の設定に労働者が関わることで動機づけが高まるとした。

A76　　①　：高齢者の特殊詐欺被害

①　高齢者は，自分は詐欺被害に遭わない，家族等の音声を聞き分けられるなど，低いリスク認知をしている。

②　金融機関の職員等の声かけは一定程度の効果を示している。

③　2020年度の統計では，特殊詐欺被害認知件数のうち85.7%が65歳以上の高齢者の被害認知件数であった。

④　高齢者の詐欺脆弱性は個人差が大きく，必ずしも若者よりも高いとはいえない。

⑤　特殊詐欺被害は女性高齢者の方が多い。

A77　　④　：ワークモチベーション

①　McClellandは経済的欲求以外に，親和欲求，支配欲求，達成欲求の3つがワークモチベーションに関わっているとした。

②　AlderferはA. H. Maslowの欲求階層説を修正したERG理論を提唱し，生存欲求，関係欲求，成長欲求は同時に生起すると主張した。

③　ワークモチベーションの人間関係論の基礎となるホーソン実験を行ったのはE. Mayoである。

④　Herzbergは満足を高める要因を動機づけ要因，不満足を生じさせる要因を衛生要因とした。

⑤　McGregorは管理者による労働者の欲求の見方としてX理論とY理論を提唱した。

A78　　⑤　：ワークモチベーション

①　ERG理論では，生存欲求，関係欲求，成長欲求は同時に生起するとされている。

②　F. Herzbergの動機づけ―衛生理論（2要因理論）における衛生とは，不満足を生じさせる要因のことであり，清潔さなどを意味する言葉ではない。

③　Adamsは，労働者は自分の貢献と貢献したことに対する報酬の比（報酬/貢献）と，比較対象となった他の労働者の比とを比べ，自分と他の労働者の比が等しいことを目指して行動や認知を変えると主張し，これを衡平理論と呼んだ。

④　Vroomの期待理論は，行動がある結果をもたらす（成功する）であろうという主観的な確率（期待）の大きさと，その結果がもつ有意性（価値，魅力）の高さによって，行動の選択や動機づけが異なるとする理論である。

⑤　E. A. LockeとG. P. Lathamが提唱した目標設定理論は，目標が具体的で明確であった方が動機づけが高まり，また目標設定に当事者である労働者が関わった方が動機づけが高まるとする理論である。

基礎心理学

実験・研究

人体の構造／精神疾患

アセスメント／心理的支援

法律・制度

事例

Q79 □□□

事故の発生と予防について，正しいものを1つ選べ。

① スノーボールモデルとは，重大な事故は複数の軽微なエラーが同時に生じたときに発生するとしたモデルである。

② 大きな事故にはつながらなかった軽微な事故をヒヤリハットと呼ぶ。

③ J. T. Reasonは，安全文化の醸成には，報告，学習，柔軟，規律という4つの文化が重要であると指摘した。

④ H. W. Heinrichは，1つの重大事故に対する軽微な事故やインシデントの割合を示した。

⑤ 事故や災害が生じた際に，どこに問題があったかを指摘し合う作業を危険予知訓練と呼ぶ。

Q80 □□□

ヒューマンエラーのうち思い込みによって生じた誤りを表す用語として，正しいものを1つ選べ。

① ミステイク

② フールプルーフ

③ ラプス

④ スリップ

⑤ 違反

Q81 □□□

ヒューマンエラーのひとつであるラプスを防ぐ方法として，正しいものを1つ選べ。

① リマインダー

② フールプルーフ

③ 復唱

④ 指差呼称

⑤ 確認会話

A79　④ ：事故の発生と予防

① スノーボールモデルとは，医療現場において，1つの軽微なエラーが別のエラーを誘発し，さらに別のエラーにつながり，患者に到達するときには重大な事故を引き起こす状態になることを示したモデルである。

② ヒヤリハットとは，事故には至らなかったが，場合によっては事故に直結したと思われるエピソードのことであり，インシデントとも呼ばれる。

③ Reasonの4つの安全文化は，報告，正義，学習，柔軟である。

④ Heinrichは保険請求のデータをもとに，1つの重大事故の背後には29の軽微な事故があり，その背後には300のインシデントが存在するという法則を見出した。

⑤ 危険予知訓練は，事故や災害を未然に防ぐことを目的として，作業や職場に潜む危険について指摘し合う訓練である。

A80　① ：ヒューマンエラー

① ミステイクとは，不適切な手順や手続きで行おうという意図（思い込み）が形成されたために生じた誤りのことである。

② フールプルーフとは，機械・設備の方が誤操作を受けつけないようにすることであり，スリップを防ぐ方法のひとつである。

③ ラプスとは，計画自体は正しいが，実行直前または実行中に必要な情報や行為そのものを忘れること（ど忘れ）によって正しい作業が行われないことである。

④ スリップとは，計画自体は正しかったが（意図したものであったが），実行の際に失敗したりやり損ねたりすることである。

⑤ 違反は，その行為が不適切であることを行為者が認識したうえで意図的にその行為を行うことであり，ヒューマンエラーには含まれない。

A81　① ：ヒューマンエラー

① ラプスとは，ど忘れによって正しい作業が行われないことであるため，思い出してもらうためのリマインダーは有効である。

② フールプルーフとは機械・設備の方が誤作動を受けつけないようにするものであり，スリップを予防するためのものである。

③ 復唱は，思い込みによって不適切な手続きを行ってしまうミステイクを防ぐために，情報が正しく伝わっているかを確認する方法である。

④ 指差呼称はスリップを防ぐための方法である。

⑤ 確認会話はミステイクを防ぐための方法である。

Q82 　　　　　　　　　　　　　　　　　　　　　　　　□□□

ワーク・エンゲイジメントについて，正しいものを１つ選べ。

① バーンアウトとは，活動水準の点で反対の概念である。

② 活力，熱意，没頭の３要素で特徴づけられる。

③ 仕事だけでなく生活全般に関わる概念である。

④ 仕事の資源を媒介として仕事への態度に影響を及ぼす。

⑤ ワーカホリズムを包含する概念である。

Q83 　　　　　　　　　　　　　　　　　　　　　　　　□□□

リーダーシップについて，正しいものを１つ選べ。

① サーバントリーダーシップとは，明確な将来目標のもと，組織を変革的に発展させるリーダー行動のことである。

② リーダーシップとは，リーダーとフォロワーとの関係において形成されるものであり，リーダー個人の特性ではない。

③ 三隅二不二のPM理論では，リーダーが自らのリーダー行動を評価する。

④ F. E. Fiedlerのコンティンジェンシーモデルでは，LPC得点が高い場合は課題志向型のリーダーシップが有効であるとしている。

⑤ K. Lewinのリーダーシップスタイルの研究では，放任型が最も課題達成に優れており，チームのまとまりも良好であった。

Q84 　　　　　　　　　　　　　　　　　　　　　　　　□□□

リーダーシップについて，正しいものを１つ選べ。

① リーダーシップとは，集団目標の達成に向けてなされる集団の諸活動に影響を及ぼす人物にみられる特性である。

② R. R. Blakeのマネジリアル・グリッド理論では，業績に関する関心と人間に対する関心という２次元で，リーダー行動を４つのタイプに分類する。

③ リーダーシップ代替論とは，状況によってリーダーとなるべき人物が変わっていくことを示した理論である。

④ 三隅二不二はリーダーの機能には課題達成機能と集団維持機能があり，両方とも高いタイプのリーダーが生産性も満足度も高めることができることを示した。

⑤ F. E. Fiedlerは，今後も一緒に仕事をしたいと思う人物に対する評価によってリーダーを分類し，課題の構造などによって有効なリーダーが異なることを明らかにした。

A82　　②　：ワーク・エンゲイジメント

① バーンアウトは，ワーク・エンゲイジメントとは活動水準だけでなく，仕事への態度・認知の点でも反対の概念である。

② ユトレヒト・ワーク・エンゲイジメント尺度(UWES)は，この3要素を下位尺度としてワーク・エンゲイジメントを測定することができる尺度である。

③ 「仕事に向けられた持続的かつ全般的な感情と認知」のことであり，生活全般に関わるものではない。

④ 仕事の資源がワーク・エンゲイジメントを媒介して仕事の態度に影響を及ぼす。

⑤ ワーク・エンゲイジメントとワーカホリズムは別の概念であり，包含関係ではない。

A83　　②　：リーダーシップ

① 変革型リーダーシップの説明である。

② 特性論的リーダーシップ論もあるが，現在では個人特性というよりも，リーダーとフォロワーとの関係によるものであるとされている。

③ PM理論は，メンバーがリーダーの行動を評価するものである。

④ コンティンジェンシーモデルでは，今まで一緒に働いたなかで最も苦手な人についての評価であるLPC得点が高い場合は対人関係型，低い場合は課題達成型が有効であるとされている。

⑤ Lewinの研究では，民主型が最も課題達成もチームの凝集性も良好であった。

A84　　④　：リーダーシップ

① リーダーシップは個人の特性ではなく，リーダーとフォロワーとの関係によるものである。

② マネジリアル・グリッド理論では，2次元を高低で組み合わせた4タイプに加え，中間型が設定されている。

③ リーダーシップ代替論とは，一定の条件が整えば，リーダーシップを発揮する管理者は不要になり，状況的要因がリーダーシップの代わりを果たすとする理論である。

④ 課題達成機能(P機能)と集団維持機能(M機能)がともに高いPM型が，最も生産性も満足度も高いとされている。

⑤ Fielderが用いたLPC評価はLeast Preferred Co-Workerの略であり，今まで一緒に働いたなかで最も苦手な人を評価させるものである。

第2部

実 験 ・ 研 究

Q85 □□□

心理学に関する実験において，虚偽の教示を行うこととして，正しいものを1つ選べ。

① デセプション
② ブリーフィング
③ デブリーフィング
④ ランダム・サンプリング
⑤ ダブルバーレル

Q86 □□□

心理学に関する実験において，どの実験参加者がどの条件に割り当てられているかを実験参加者本人にも実験実施者にも伝えずに実施する方法に関する用語として，正しいものを1つ選べ。

① デセプション
② デブリーフィング
③ 二重盲検
④ 交絡
⑤ 無作為抽出

A85 ① :実験計画

① デセプション(deception)とは「欺くこと」であり,実験目的を達成するために,対象者に虚偽の目的を伝えたり,教示をしたりすることで実験を遂行するものである。

② ブリーフィングとは,対象者(対象者集団)に対して実験実施前に行う説明のことである。

③ デブリーフィングとは,デセプションによる実験を行った対象者に対して,実験終了後に真の目的を伝えたり,デセプションを行わなければならなかった理由などを説明したりすることで,対象者の疑念や不安,ストレスの低減を図るものである。

④ ランダム・サンプリング(無作為抽出)とは,何の意図ももたずに実験参加者を集めることである。

⑤ ダブルバーレル(二重質問)とは,「あなたは野球やサッカーが好きですか?」のように,1つの質問の中に2つの問いが含まれているものをいう。

A86 ③ :実験計画

① デセプション(deception)とは「欺くこと」であり,実験目的を達成するために,対象者に虚偽の目的を伝えたり,教示をしたりすることで実験を遂行するものである。

② デブリーフィングとは,デセプションによる実験を行った対象者に対して,実験終了後に真の目的を伝えたり,デセプションを行わなければならなかった理由などを説明したりすることで,対象者の疑念や不安,ストレスの低減を図るものである。

③ 実験参加者に要因に関する情報を伝えないことを「盲検」または「遮蔽」と呼び,実験実施者にも伝えないことを「二重盲検(遮蔽)」と呼ぶ。これにより剰余変数を低減することができる。

④ 交絡とは,独立変数と剰余変数との間に共変関係があり,剰余変数の従属変数への影響を統制できないことである。

⑤ 無作為抽出(ランダム・サンプリング)とは,何の意図ももたずに実験参加者を集めることである。

Q87 　□□□

人を対象とする医学系研究に関する倫理指針について，正しいものを1つ選べ。

① 匿名化の対象には，すでに死亡した者は含まれない。

② 有害事象とは，実施された研究によって生じた死亡，傷病またはそれらの徴候のことである。

③ インフォームド・アセントとは，インフォームド・コンセントを与える能力を欠くと判断される参加者の代諾者からインフォームド・コンセントを得ることである。

④ 倫理審査委員会の意見は，多数決をもって決定するように努める。

⑤ 重篤な有害事象が発生した場合，研究責任者は速やかに研究機関の長に報告しなければならない。

Q88 　□□□

統計的仮説検定について，正しいものを1つ選べ。

① 帰無仮説が棄却できるかを検討する。

② 帰無仮説が正しいにもかかわらず，帰無仮説を棄却してしまうことを第2種の誤りと呼ぶ。

③ 有意水準とは，第2種の誤りが生じる確率を意味している。

④ 第2種の誤りは統制できるが，第1種の誤りを統制するのは困難である。

⑤ 帰無仮説や対立仮説は，標本集団について立てる。

Q89 　□□□

第1種の誤りについて，正しいものを1つ選べ。

① 帰無仮説が偽であるときに帰無仮説を採択すること。

② 第1種の誤りを回避できる確率を検定力と呼ぶ。

③ 有意水準を下げるほど生じやすくなる。

④ 第1種の誤りと第2種の誤りの両方を同時に減らすことができる。

⑤ 第1種の誤りが起きる確率は危険率とも呼ばれる。

A87　⑤　：人を対象とする医学系研究に関する倫理指針

① 匿名化(個人を識別することができることとなる記述等の削除)の対象は「死者を含む」とされている。

② 有害事象とは「実施された研究との因果関係の有無を問わず，研究対象者に生じた全ての好ましくない又は意図しない傷病若しくはその徴候」のことである。

③ インフォームド・アセントとは，インフォームド・コンセントを与える能力を欠くと判断される対象者に対して，理解力に応じた言葉で説明し，賛意を表することである。

④ 倫理審査委員会の意見は，全会一致をもって決定するよう努めなければならない。

⑤ 研究責任者から報告を受けた研究機関の長は，厚生労働大臣に報告しなければならない。

A88　①　：統計的仮説検定

① 帰無仮説を棄却することで，残された対立仮説を採択する。

② 第2種の誤りとは，帰無仮説が誤っているにもかかわらず，帰無仮説を採択してしまう誤りのことである。

③ 有意水準とは，第1種の誤りが生じる確率のことであり，危険率とも呼ばれる。

④ 第1種の誤りは有意水準をどこに設定するかによって統制が可能であるが，第2種の誤りを直接統制することは困難である。

⑤ 帰無仮説も対立仮説も母集団について立てる。

A89　⑤　：統計的仮説検定

① 第1種の誤りとは，帰無仮説が正しいにもかかわらず，帰無仮説を棄却してしまう誤りのことである。

② 検定力は第2種の誤りを回避できる確率のことである。

③ 有意水準を下げる(5%水準から1%水準にする)と，第1種の誤りは生じにくくなる。

④ 第1種の誤りと第2種の誤りはトレードオフの関係なので，どちらかが生じる確率を下げると，もう一方が生じる確率は高まる。

⑤ 第1種の誤りを犯す危険がある確率であるため，危険率と呼ばれる。

Q90 □□□

間隔尺度として，正しいものを１つ選べ。

① 100m走のタイム
② マンガや雑誌の巻号数
③ マンションの部屋番号
④ 知能検査のIQ
⑤ 貯蓄額

Q91 □□□

比率(比例)尺度として，正しいものを１つ選べ。

① マイナンバー(社会保障・税番号)
② マラソン大会の順位
③ 体重
④ 気温
⑤ 定期テストの学年順位

Q92 □□□

代表値と散布度について，正しいものを１つ選べ。

① 分布に偏りがある場合，平均値よりも中央値を用いた方が現実に即した値が見出されやすい。
② 名義尺度の場合，代表値は中央値を用いるべきである。
③ 標準偏差は分散を２乗したものである。
④ 順序尺度は代表値として，最頻値，中央値，平均値のいずれも用いることができる。
⑤ 範囲は間隔尺度以上では用いることができない。

A90　④　：尺度水準

① タイムは比率尺度である。

② 巻号数は順序尺度である。

③ 部屋番号は名義尺度である。

④ IQは，原点(Wechsler式であれば100)が「無」を意味しないことから，間隔尺度といえる。

⑤ 貯蓄額は比率尺度である。

A91　③　：尺度水準

① マイナンバーは名義尺度である。

② マラソン大会の順位は順序尺度である。

③ 体重は値の等間隔性があり，絶対原点があるため，比率(比例)尺度である。

④ 気温は間隔尺度である。

⑤ テストの順位は順序尺度である。

A92　①　：代表値・散布度

① 年収などの偏った分布で平均値を算出すると，少数の高所得者に引っぱられ，平均値が大きくなるため，中央値を算出した方が現実に即した値が得られる。

② 名義尺度で用いる代表値は最頻値である。

③ 標準偏差は分散の平方根である。

④ 順序尺度では，代表値として最頻値と中央値を用いることはできるが，平均値を用いることはできない。

⑤ 範囲はどの尺度水準でも用いることができる散布度である。

Q93

正規分布について，誤っているものを1つ選べ。

① t分布やF分布は正規分布を基礎としている。

② 歪度は0である。

③ 平均から±1標準偏差の間に68.3%のデータが含まれる。

④ 母集団の確率分布にかかわらず，標本の大きさが十分に大きければ標本平均の分布は正規分布に従う。

⑤ 尖度は0である。

Q94

テスト理論における妥当性について，正しいものを1つ選べ。

① 作成されたテスト・心理尺度が測定したい概念を適切に測定できているかに関わる概念である。

② L. J. Cronbachのα係数は妥当性の指標のひとつである。

③ 妥当性は信頼性の必要条件である。

④ 妥当性を検証するためには，作成されたテスト・心理尺度の値と外的基準との相関係数を算出しなければならない。

⑤ 再テスト法は妥当性を検討するための方法のひとつである。

Q95

K. Pearsonの積率相関係数について，正しいものを1つ選べ。

① 取り得る値は0から1の間である。

② 2つの変数の関連性が強いほど，絶対値は大きくなる。

③ 外れ値があっても適切な値が算出される。

④ 2つの変数が順序尺度以上である場合に用いる。

⑤ サンプル数が大きいほど，大きな値を示しやすくなる。

A93　　⑤　：正規分布

① t分布，F分布，χ^2分布などの分布は正規分布を基礎として導き出されたものである。

② 歪度とは分布の歪みを示す指標であり，正規分布のような左右対称の分布は歪度＝0となる。

③ 平均±1標準偏差の区間で68.3%，平均±2標準偏差の区間で95.4%のデータが含まれる。

④ これを中心極限定理と呼び，試行回数や標本数を多くすることで正規分布をもとにした分析が可能になる。

⑤ 尖度とは分布の尖りの程度を示す指標であり，正規分布の尖度は3である。

A94　　①　：妥当性

① たとえば，自尊感情尺度が自尊感情を適切に測定できていると検証・確認することがあてはまる。

② Cronbachのα係数は内的一貫性（整合性）の指標（広義の信頼性の指標）である。

③ 信頼性は妥当性の必要条件である。

④ 相関係数で確認する基準関連妥当性だけでなく，因子分析で確認する因子的妥当性などがあり，必ず相関係数を算出しなければならないわけではない。

⑤ 再テスト法は信頼性を検討するための方法のひとつである。

A95　　②　：積率相関係数

① 取り得る値は−1から1である。

② 関連が強いほど，絶対値は1に近づいていく。

③ 積率相関係数は外れ値の影響を受けやすい。

④ 2つの変数が間隔尺度以上のときに用いるものである。

⑤ サンプル数が大きいほど，小さな値になりやすい。

Q96 .... □□□

　3群（A群，B群，C群）間の平均値を比較する際に，A群とB群についてt検定を行い，次にB群とC群についてt検定を行うというようにt検定を繰り返し行ってはならない理由として，正しいものを1つ選べ。

① 第1種の誤りが生じる確率が高まるため。

② どの組み合わせから分析を行うかによって得られる結果が異なるため。

③ 分析により多くの手間がかかるため。

④ 帰無仮説が明らかにならないため。

⑤ 検定力が低下するため。

Q97 .... □□□

　複数の観測変数に含まれる共通点を集約し新たな変数を合成する分析として，正しいものを1つ選べ。

① 重回帰分析

② 主成分分析

③ 構造方程式モデリング

④ 因子分析

⑤ 判別分析

Q98 .... □□□

重回帰分析について，誤っているものを1つ選べ。

① 説明変数を増やすと，決定係数は低くなることはない。

② 説明変数間の相関が高いと，偏回帰係数の値が異常に大きくなることがある。

③ 重相関係数とは，予測値と目的変数との相関係数のことである。

④ 複数の質的変数で1つの量的変数を予測・説明するための分析である。

⑤ 重回帰分析における偏回帰係数の検定では，「母集団における偏回帰係数は0である」を帰無仮説とする。

A96　　①　：検定の多重性

① t 検定を 1 回行うにあたり有意水準が示す第 1 種の誤りが起きる確率が生じ，t 検定を繰り返すことで，その確率が積み重なるため，第 1 種の誤りが生じやすくなる。

② どの組み合わせから行っても，得られる結果は変わらない。

③ 手間はかかるが，それが t 検定を繰り返し行ってはいけない理由ではない。

④ t 検定の場合，帰無仮説は「2 群の平均値に差はない」であり，明らかである。

⑤ 検定力とは帰無仮説が誤っているときに帰無仮説を棄却できる確率であり，第 2 種の誤りを起こさない確率ともいえるが，t 検定を繰り返し行ってはいけない理由とは関わらない。

A97　　②　：多変量解析

① 重回帰分析とは，1 つの目的変数（間隔尺度以上）を複数の説明変数（間隔尺度以上）で説明しようとする分析である。

② 主成分分析は因子分析と似ているが，因子分析は因子が観測変数に影響を及ぼしているのに対し，主成分分析は観測変数から共通点を集約するものであり，観測変数と因子・成分との方向性が異なる。

③ 構造方程式モデリングとは，潜在変数を導入して，その潜在変数や観測変数の間の因果関係を表現する構造方程式を構築し，推定することによって現象を説明しようとする統計モデルのことである。

④ 因子分析は，複数の観測変数に影響を及ぼしていると推測される潜在変数（因子）を見つけ出す分析方法である。

⑤ 判別分析は，いくつかのグループ（群）に分かれているデータについて，それらがどのような基準で分けられているのかを明らかにする分析方法である。

A98　　④　：重回帰分析

① 重回帰分析の決定係数には，説明変数を増やすと，決定係数の値は大きくなるか変わらない（下がらない）という性質がある。

② これを多重共線性と呼ぶ。

③ 重相関係数は目的変数の分散のなかで，説明変数によって説明される分散の割合を示す指標のひとつであり，重相関係数を 2 乗すると分散説明率になる。

④ 複数の量的変数で 1 つの量的変数を説明・予測するための分析である。

⑤ 重回帰分析では重相関係数という全体的な指標と，偏回帰係数という変数ごとの指標が得られるが，帰無仮説は前者については「母集団における重相関係数は 0 である」であり，後者については「母集団における偏回帰係数は 0 である」である。

右側の欄：
基礎心理学

実験・研究

人体の構造／精神疾患

アセスメント／心理的支援

法律・制度

事例

Q99 □□□

因子分析について，正しいものを1つ選べ。

① できるだけ抽出される因子数を減らすために，因子の回転を行う。

② 因子負荷量とは，因子全体で各項目の分散を説明できる割合のことである。

③ 確証的因子分析では因子間の相関を仮定できない。

④ その因子で説明できる全項目の分散の割合を寄与率と呼ぶ。

⑤ 因子数の判断はスクリープロットのみを用いる。

Q100 □□□

構造方程式モデリングについて，正しいものを1つ選べ。

① 解を求めるべきパラメーターの数よりも標本共分散の数が多い場合，そのモデルは識別されない。

② 適合度指標の値が高いほど，モデルの説明力も高くなる。

③ どの適合度指標にも絶対的な基準がある。

④ パスモデルにおいて，単方向矢印を受けていない変数のことを内生変数と呼ぶ。

⑤ 総合効果は直接効果と間接効果の和で求められる。

Q101 □□□

心理学の実証的学術論文の方法において記載するものとして，<u>適切ではないもの</u>を1つ選べ。

① 対象者の人数

② 倫理的配慮

③ 実施手続き

④ 研究仮説

⑤ 実験・調査内容

A99　④ ：因子分析

①　因子の回転は，解釈しやすい解(単純構造)を得るために行われるものである。

②　共通性の説明である。

③　確証的因子分析でも，因子(潜在変数)間の相関を仮定することはできる。

④　寄与率が小さい因子は，ほとんど項目の分散を説明できていないことになるため，因子数を減らすなどの判断に用いられる。

⑤　因子数の判断は，スクリープロットや因子の解釈可能性，寄与率などを総合的に判断して行う。

A100　⑤ ：構造方程式モデリング

①　解を求めるべきパラメーターの数よりも標本共分散の数が少ない場合，モデルは識別されない。

②　適合度と説明力は異なるものであり，適合度指標が高くても，説明力が高くなるとはいえない。

③　適合度指標には一定の目安は示されているが，絶対的な基準があるわけではない。

④　単方向矢印を受けていない変数のことを外生変数と呼び，単方向矢印を受けている変数のことを内生変数と呼ぶ。

⑤　総合効果とは直接効果と間接効果の和で表すことができ，その変数が最終的な目的変数に及ぼす効果の程度を表している。

A101　④ ：実証的学術論文

①　対象者の人数や性別，平均年齢，属性などは方法に書くべき内容である。

②　どのような倫理的配慮を行ったかについては方法に記載する。

③　実施手続きは，質問紙調査であれば集団で行ったか，個別で行ったか，実験であればどのような実験環境で，どのような実験器具を用いたか，などに関わる内容であり，これらは方法に記載する。

④　研究仮説は先行研究から導き出され，仮説を検証することが研究の目的となるため，方法ではなく，問題と目的部分に記載する。

⑤　実験・調査内容は，質問紙調査であればどのような項目・尺度を用いたかなどに関わる内容であり，方法に書くべき内容である。

第３部

人体の構造と機能及び
精神疾患を含む疾病とその治療

Q102 □□□

睡眠について，正しいものを１つ選べ。

① Non-REM睡眠は脳波から５段階に分けられる。

② Non-REM睡眠時には自律神経機能が不規則になる。

③ 加齢に伴い，浅いNon-REM睡眠の時間が増える。

④ 乳児はNon-REM睡眠とREM睡眠の割合がほぼ同じである。

⑤ REM睡眠は２～３時間ごとに生じる。

Q103 □□□

睡眠について，正しいものを１つ選べ。

① 夢はNon-REM睡眠時に生じている。

② REM睡眠は一晩に４～５回生じる。

③ 加齢に伴い睡眠効率は向上する。

④ 成人の睡眠におけるREM睡眠の割合は40％程度である。

⑤ Non-REM睡眠時には呼吸や脈拍の乱れがみられる。

Q104 □□□

内分泌系について，正しいものを１つ選べ。

① 視床下部でつくられたホルモンが下垂体後葉に運ばれることで，下垂体後葉での
ホルモン産出が促される。

② 副腎皮質は２層構造になっており，それぞれから異なるホルモンが産出される。

③ あるホルモンの血中濃度が高くなると，そのホルモンの分泌を抑制するホルモン
が産出され，そのホルモンの血中濃度を下げようとする働きを負のフィードバッ
クと呼ぶ。

④ ホルモンは血流にのって標的器官に到達し，生理作用を発揮する。

⑤ 甲状腺の機能が低下すると，発汗や動悸，微熱などが生じる。

A102　④ ：睡眠

① Non-REM睡眠は脳波によって4段階に分けられる。

② 自律神経機能が不規則になるのはREM睡眠時で，脈拍，血圧，呼吸などに乱れが生じ，勃起も起こる。

③ 加齢に伴い，REM睡眠や深いNon-REM睡眠の時間が減ることにより，相対的に浅いNon-REM睡眠の時間の割合が増えるが，浅いNon-REM睡眠の時間そのものは若者とそれほど変わらない。

④ 乳児のREM睡眠時間の割合は約50％である。

⑤ REM睡眠は約90分ごとに生じる。

A103　② ：睡眠

① 夢はREM睡眠時に生じている。

② 睡眠の一般的なパターンでは，REM睡眠は一晩で4～5回生じる。

③ 横になっている時間のうちの睡眠時間の割合を睡眠効率と呼ぶが，加齢に伴い睡眠効率は低下する。

④ 成人の睡眠におけるREM睡眠の割合は約20％である。

⑤ 呼吸や脈拍の乱れがみられるのはREM睡眠時である。

A104　④ ：内分泌系

① 下垂体後葉にはホルモンを産出する細胞は存在せず，視床下部でつくられたホルモン（バソプレシン，オキシトシン）が後葉を通って放出される。

② 副腎皮質は球状帯，束状帯，網状帯の3層構造になっており，それぞれから異なるホルモンが分泌される。

③ 負のフィードバックとは，あるホルモンの血中濃度が高くなると，そのホルモンの分泌を促進するホルモンの分泌が抑制されることで，そのホルモンの分泌を止め，血中濃度を下げる作用のことである。

④ ホルモンは電気信号・神経興奮や導管によって伝わるものではなく，血流を通って標的器官に到達する。

⑤ 発汗や動悸，微熱などが生じるのは，甲状腺の機能が亢進しているときであり，この状態をバセドー病と呼ぶ。

基礎心理学

実験・研究

人体の構造／精神疾患

アセスメント／心理的支援

法律・制度

事例

Q105 ··· □□□

概日リズムを調整するホルモンの分泌に関わる脳の部位として，正しいものを１つ選べ。

① 松果体
② 海馬
③ 帯状回
④ 中脳
⑤ 側坐核

Q106 ··· □□□

人体の機能について，正しいものを１つ選べ。

① 成人の脈拍は，安静時で100～120回/分である。
② 成人の呼吸数は，30回/分程度である。
③ 収縮期血圧が200mmHg以上，拡張期血圧が100mmHg以上の状態が高血圧とされる。
④ 成人の基礎代謝量は1800kcal/日である。
⑤ 血液は体重の約8％である。

Q107 ··· □□□

女性の心身について，正しいものを１つ選べ。

① 閉経とは，最後の月経から１年間月経がない状態である。
② 月経周期のうち，排卵後はエストロゲンが増加する。
③ 更年期障害では，ホットフラッシュや倦怠感などの身体的症状はみられるが，心理的症状はみられない。
④ 更年期では，プロゲステロンよりもエストロゲンの方が急速に減少する。
⑤ 月経前不快気分障害は心理的症状よりも身体的症状を特徴とする。

A105　①：ホルモン

① 松果体で産出されるメラトニンが概日リズムに関わっているとされている。

② 海馬はエピソード記憶の形成や想起に関わる部位である。

③ 帯状回は血圧や心拍数などの調節や，意思決定，共感などの情動処理に関わっている。

④ 中脳は視覚や聴覚の中継地点であり，眼球運動の筋肉の緊張調整にも関わっている。

⑤ 側坐核は快感情を司るとともに，抑制性伝達物質であるGABAを多く産出している。

A106　⑤：人体の機能

① 成人の脈拍は，安静時で60～80回/分である。

② 成人の呼吸数は，12～16回/分程度である。

③ 収縮期血圧140mmHg以上，拡張期血圧90mmHg以上で高血圧となる。

④ 成人の基礎代謝量は1200～1400kcal/日である。

⑤ 血液は血球成分と血漿に区分され，血球成分のほとんどは赤血球である。

A107　①：女性の心身

① 閉経の平均年齢は50～51歳とされている。

② 排卵後にはプロゲステロン（黄体ホルモン）が増加する。

③ 更年期障害では，身体的症状だけでなく，落ち込みや無気力，不安などの心理的症状も呈する。

④ 更年期になると，プロゲステロンが急速に減少し，エストロゲンが優勢になることで，ホルモンバランスが乱れる。

⑤ 月経前不快気分障害は心理的症状を特徴としたもので，月経14日前からみられ，月経後は軽減する。

Q108

自律神経について，正しいものを１つ選べ。

① 勃起は交感神経の興奮によって生じる。

② 交感神経の節後線維はノルアドレナリンを放出する。

③ 自律神経失調症は交感神経の機能不全によって生じる。

④ 自律神経は意識的に興奮・抑制させることができる。

⑤ 交感神経が興奮すると，胃腸の働きが活発になり，消化が促進される。

Q109

自律神経について，誤っているものを１つ選べ。

① 交感神経が興奮すると，瞳孔は開く。

② 交感神経も副交感神経も節前線維はアセチルコリンを放出する。

③ 自律神経は一定のインパルスを常に出している。

④ 副交感神経が興奮すると，膀胱が弛緩して，排尿を抑制する。

⑤ 自律神経系は末梢神経の一部である。

Q110

脳及び中枢神経について，正しいものを１つ選べ。

① 側坐核は不安や恐怖などの不快感情を司っている。

② 中枢神経系の血管壁は脂溶性物質しか透過させない。

③ 脳神経は脳から直接標的器官に伸びている12対の中枢神経である。

④ 老化に伴い前頭葉よりも後頭葉で萎縮がみられる。

⑤ 脳は外側から軟膜，くも膜，硬膜という３つの膜で保護されている。

A108 　②　：自律神経

① 勃起は副交感神経の興奮によって生じる。

② 交感神経の節後線維はノルアドレナリンを，副交感神経の節後線維はアセチルコリンを放出する。

③ 自律神経失調症は交感神経と副交感神経のバランスが崩れることによって生じる。

④ 自律神経は反射によって機能するため，意識的にコントロールすることはできない。

⑤ 交感神経が興奮すると，胃腸の働きは抑制される。

A109 　④　：自律神経

① 交感神経が興奮すると，エネルギーを使って活動的になるため，瞳孔は開く。

② 交感神経も副交感神経も節前線維はアセチルコリンを放出し，節後線維のニコチン受容体に興奮を伝達する。

③ この活動をトーヌス（tonus）と呼ぶ。

④ 副交感神経が興奮すると，膀胱が収縮し，排尿が促進される。

⑤ 末梢神経は自律神経と体性神経に大別される。

A110 　②　：脳及び中枢神経

① 側坐核はGABAの生産量が最も多く，快楽を司っている。

② この機能を血液脳関門と呼ぶ。

③ 脳神経は末梢神経である。

④ 後頭葉よりも前頭葉や側頭葉で萎縮がみられる。

⑤ 外側から硬膜，くも膜，軟膜の順になる。

Q111 ·· □□□

大脳皮質の機能局在について，正しいものを1つ選べ。

① 一次視覚野は頭頂葉にある。

② 頭頂連合野は中心溝の直後にある。

③ 縁上回は頭頂葉にある。

④ Wernicke野は前頭葉にある。

⑤ 一次体性感覚野は後頭葉にある。

Q112 ·· □□□

大脳皮質の機能局在について，正しいものを1つ選べ。

① 頭頂葉にある一次運動野を損傷すると反対側に運動麻痺が生じる。

② Wernicke野は左右側頭葉に存在する。

③ 視覚失認は側頭葉の損傷で生じる。

④ Broca野とWernicke野は弓状束によって情報伝達が行われている。

⑤ 頭頂連合野を損傷すると思考の低下や常同行動がみられる。

Q113 ·· □□□

高次脳機能障害〈神経心理〈学的〉症状〉について，正しいものを1つ選べ。

① 半側空間無視は頭頂葉の損傷によって生じる。

② Wernicke失語は，発話の流暢性が障害される。

③ 縁上回が損傷することで生じる失語はBroca失語である。

④ 視覚失認は側頭葉の損傷によって生じる。

⑤ Broca失語では復唱は保持される。

A111　③　：大脳皮質の機能局在

① 一次視覚野は後頭葉にある。

② 中心溝の直後には一次体性感覚野があり，一次体性感覚野の後ろに頭頂連合野がある。

③ 縁上回は頭頂葉にあり，音韻のワーキングメモリーに関わっている。

④ Wernicke野は優位半球（右利きの人なら左脳）の側頭葉にある。

⑤ 一次体性感覚野は頭頂葉にある。

A112　④　：大脳皮質の機能局在

① 一次運動野は前頭葉後方にある。

② Wernicke野は優位半球の側頭葉にある。

③ 視覚失認は後頭葉の一次視覚野の損傷によって生じる。

④ Broca野とWernicke野は弓状束と呼ばれる連合線維で情報伝達を行っている。

⑤ 思考の低下や常同行動がみられるのは前頭連合野の損傷である。

A113　①　：高次脳機能障害

① 右頭頂葉が損傷すると，左側の空間にあるものが認識できなくなる。

② Wernicke失語は，発話の流暢性は保持されているが，聴覚的理解や復唱が障害される。

③ 縁上回の損傷で生じるのは伝導失語である（弓状束の損傷でも生じる）。

④ 視覚失認は後頭葉の一次視覚野の損傷によって生じる。

⑤ Broca失語は，聴覚的理解は保持されているが，復唱や発話の流暢性が障害される。

Q114 □□□

加齢に伴う身体の変化について，正しいものを1つ選べ。

① 健康な高齢者では，脳細胞の数はある程度維持される。

② 低い音が聞こえにくくなる。

③ 味覚では，甘味の感受性は塩味よりも鈍くなる。

④ 身体構成における脂肪の割合は若者よりも減少する。

⑤ 男性の骨密度は50歳前後から急激に低下する。

Q115 □□□

糖尿病について，正しいものを1つ選べ。

① 発症の初期では症状がみられなかったり，症状に対する自覚がなかったりする。

② うつ病との合併率は低い。

③ 肥満に関わるのは1型糖尿病である。

④ 内臓脂肪が蓄積することで，インスリンが過剰作用する。

⑤ 心理社会的な要因は発症には関わらない。

Q116 □□□

ストレスについて，正しいものを1つ選べ。

① ストレス反応は，ストレッサーの種類に関係なく生じる非特異的反応と，ストレッサーの種類に対して生じる特異反応に大別される。

② 客観的・一般的にポジティブな出来事はストレッサーにはなり得ない。

③ ストレスに対する脆弱性は，先天的なものである。

④ R. S. Lazarus らは，ストレッサーが自己に対して脅威であると判断された場合，ストレス反応が生じるとした。

⑤ 身体疾患がストレッサーとなって生じる心理的不調や精神疾患を心身症と呼ぶ。

A114 　　① ：加齢に伴う身体の変化

① 脳卒中などによる脳組織の部分的な破壊やアルツハイマー病のような神経変性疾患などがなければ，脳細胞の数はある程度維持される。

② 高い音の方が聞こえにくくなり，これを老人性難聴と呼ぶ。

③ 甘味の感受性は塩味や苦味，酸味に比べ低下しにくい。

④ 脂肪の割合は若者が15％程度であるのに対し，高齢者は30％程度に増加する。

⑤ 女性は50歳前後で骨密度が急激に低下するのに対し，男性は緩やかに低下していく。

A115 　　① ：糖尿病

① 初期段階では無症状・無自覚であるため，行動変容に対する動機づけが低くなりやすい。

② うつ病との合併率は高い。

③ 肥満に関わるのは2型糖尿病であり，糖尿病患者の約90％は2型糖尿病である。

④ 内臓脂肪が蓄積すると，インスリンが作用しにくくなる（インスリン抵抗性が高まる）。

⑤ ストレスによって副腎皮質から分泌されるコルチゾールが血糖値を高める。

A116 　　① ：ストレス

① 非特異的反応としては，H. Selye が見出した副腎皮質肥大，胸腺・脾臓萎縮，胃潰瘍のストレス三大徴候がある。

② 入学や昇進，結婚，出産など一般的にポジティブとされる出来事でもストレッサーになることがある。

③ ストレスに対する脆弱性は，先天的な要因と学習される後天的な要因で規定されている。

④ Lazarus らのモデルでは，ストレッサーが脅威であるかという一次評価と，その脅威に対処できるかという二次評価の2段階があり，脅威であり対処ができないと判断されたときにストレス反応が生じるとされている。

⑤ 心身症とは，発症や経過にストレスのような心理社会的因子が密接に関与している病態の総称である。

Q117 ☐☐☐

ストレスについて，正しいものを1つ選べ。

① HPA軸とSAM軸はいずれも視床下部から伸びた交感神経を通る。

② コーピングのコストとは，コーピングによって生じる精神的・身体的な負担のことである。

③ H. Selyeが示した汎適応症候群では，段階が進むにつれて抵抗力は低下する。

④ 心身症とは，うつ病のような精神疾患に伴う身体症状のことである。

⑤ R. S. Lazarusの認知的評価理論では，同じ強度のストレッサーが生じても，ストレス反応が生じる者と生じない者がいることを説明できる。

Q118 ☐☐☐

依存症について，正しいものを1つ選べ。

① イネイブリングとは，患者家族が患者を責めることにより依存がさらに進行することを指す。

② 自身が依存症であることを認めたり，実際に問題が生じていたりすることを認めることが困難である。

③ 薬物依存症からの回復には5つの段階がある。

④ DSM-5では物質関連障害群の薬物を12種類に分類している。

⑤ 本人が「やめる」と言っている場合は，その言葉を信じて，見守る。

Q119 ☐☐☐

薬物依存について，正しいものを1つ選べ。

① 薬物中毒を繰り返すことで薬物依存になる。

② 精神依存の現れとして薬物探索行動がみられる。

③ コカインは身体依存も精神依存も強く引き起こす。

④ 薬物依存とは，薬物を繰り返し使用することによって生じた脳の慢性的な異常状態を指す。

⑤ 大麻には催幻覚作用はない。

A117　⑤ ：ストレス

① HPA軸は視床下部—下垂体前葉—副腎皮質という経路であり，交感神経は経由しない。

② コーピングのコストとは，コーピングを繰り返すことによって生じる疲労のことである。

③ Selyeの汎適応症候群では，警告反応期のショック相で抵抗力がやや下がり，抗ショック相で上昇し，次の抵抗期で最も抵抗力が高くなり，疲憊期になるとまた低下する。

④ 心身症には，神経症やうつ病などの精神疾患に伴う身体症状は含まれない。

⑤ 一次評価（脅威か）と二次評価（対処可能か）を行うことで，同じ強度のストレッサーが生じてもストレス反応が生じない者がいることを説明できる。

A118　② ：依存症

① イネイブリングとは，患者家族などが患者を手助けすることにより，かえって依存症の回復を遅らせてしまう行為である。

② 依存症は「否認の病」と呼ばれている。

③ 薬物依存症からの回復には「身体の回復」「脳の回復」「心の回復」「人間関係の回復」の4段階がある。

④ DSM-5では10種類に分類している。

⑤ 「やめる」と言ってやめられないのが依存症であるため，見守ることは効果がない。

A119　④ ：薬物依存

① 薬物依存は薬物乱用を繰り返すことによって生じる。

② 薬物探索行動は身体依存の現れである。

③ コカインは精神依存は強く引き起こすが，身体依存は生じないか生じても弱い。

④ 薬物依存は薬物乱用を繰り返すことによる脳の慢性的な異常状態であるとされている。

⑤ 大麻には催幻覚作用がある。

Q120 □□□

アルコール依存症（アルコール使用障害）について，正しいものを１つ選べ。

① 禁酒による離脱症状は診断基準には含まれていない。

② うつ病との合併頻度が高い。

③ 治療に際しては薬物療法を中心に行う。

④ 依存症者の治療に対する動機は高い。

⑤ 患者における男女比はほぼ同じである。

Q121 □□□

ギャンブル等依存症について，正しいものを１つ選べ。

① 認知行動療法ベースの心理支援は有効性が示されていない。

② SOGSでは，10点以上でギャンブル依存症を疑う。

③ ギャンブル等依存症の相談拠点は保健所である。

④ ギャンブルで失ったお金を取り戻そうと，より多くのお金をギャンブルにつぎ込もうとする。

⑤ パチンコは「ギャンブル等」には含まれない。

Q122 □□□

せん妄について，正しいものを１つ選べ。

① 積極的に薬物療法を行う。

② アルコールでは引き起こされない。

③ 高齢になるほどリスクが高まる。

④ 夜間よりも日中に悪化する。

⑤ 幻聴が生じやすい。

A120 ②：アルコール依存症

① ICD-10でもDSM-5でも，禁酒による離脱症状が診断基準に含まれている。

② アルコール依存症でうつ病を有する割合は，依存症ではない者がうつ病を有する割合の3〜5倍とされている。

③ アルコール依存症の治療には，入院による解毒治療，心理的支援を中心としたリハビリ治療，自助グループへの参加などの社会的アプローチなどを行う。

④ アルコール依存症者は治療に対する動機づけが低いため，動機づけ面接などを通して，治療に対する動機づけを高める必要がある。

⑤ アルコール依存症は男性に多く，また壮年期から高齢期で多くみられる。

A121 ④：ギャンブル等依存症

① 島根県立心と体の相談センターが開発したSAT-Gプログラムなど，認知行動療法ベースの心理療法が一定の効果を示している。

② ギャンブル依存症のスクリーニング尺度であるSOGSでは，5点以上でギャンブル依存症を疑う。

③ ギャンブル等依存症の相談拠点は精神保健福祉センターである。

④ DSM-5における「ギャンブル依存症」の診断基準のひとつとして，この「深追い」があげられている。

⑤ ギャンブル等依存症対策基本法において，パチンコはギャンブル等に含まれている（法律上，パチンコは賭博ではなく遊戯である）。

A122 ③：せん妄

① 原因除去と環境調整を行い，それでも好転しない場合に薬物療法を行う。

② アルコールや薬物によっても引き起こされる。

③ 高齢（70歳以上），認知症，脳器質疾患の既往，アルコール多飲，低栄養などがリスク要因となる。

④ 日中よりも夜間に悪化しやすい。

⑤ 一般的に幻視が生じやすい。

Q123

せん妄について，**誤っているもの**を１つ選べ。

① 脳の脆弱性に起因している。

② １日で重症度が大きく変化する。

③ 環境調整では，病室から時計やカレンダーなどを除去する。

④ 脳血管障害や感染症によって引き起こされることがある。

⑤ 過活動型，低活動型，混合型に大別される。

Q124

注意障害とその支援について，**誤っているもの**を１つ選べ。

① WMS-Rには注意力を評価する下位検査が含まれている。

② 注意障害は一般的に４種類に分けられる。

③ APTには損なわれている注意機能に対応する課題が設定されている。

④ TMTは注意障害を評価するための総合的テストバッテリーである。

⑤ 注意の持続の困難さを補うためのリハビリテーション法として外的代償法がある。

Q125

認知症について，**正しいもの**を１つ選べ。

① 薬物療法による根治が可能である。

② 患者数が最も多いのは脳血管性認知症である。

③ 中核症状が悪化するほど周辺症状（BPSD）も悪化する。

④ アルツハイマー型認知症の有病率は，男性よりも女性の方が高い。

⑤ 若年性認知症とは60歳未満で発症する認知症のことである。

A123　③　：せん妄

① せん妄は脳の脆弱性の表現である。

② 日内変動が大きい。

③ 見当識を戻すために時計やカレンダー，新聞などを病室に置くことが求められる。

④ 脳血管障害，インフルエンザなどの感染症など多様な原因が指摘されている。

⑤ せん妄は，過活動型，低活動型，混合型の３タイプに分けられている。

A124　④　：注意障害

① WMS-R（ウェクスラー記憶検査）は記憶力に関する検査であるが，下位検査から「注意/集中」の指標を算出することができる。

② 注意障害は一般的に，全般性注意障害，容量性注意障害，持続性注意障害，選択性注意障害の４種類に分けられる。

③ M. M. Sohlbergが開発したAPT（Attention Process Training）は，持続性，選択性，転換性，分割性という４つの注意に対応する課題が設定された注意障害に対する特異的アプローチである。

④ 注意障害を評価する総合的テストバッテリーはCAT（標準注意検査法）である（TMT〈Trail Making Test〉は持続性注意や選択性注意に関する検査である）。

⑤ 外的代償法は，メモや付箋などの外的代替物を用いて注意の持続や記憶の障害を補う方法である。

A125　④　：認知症

① 薬物療法を含め認知症を根治する方法はない。

② 認知症で最も患者数が多いのはアルツハイマー型認知症である。

③ 中核症状とBPSDは必ずしも同時に進行するわけではなく，中核症状が悪化していないにもかかわらずBPSDだけが悪化することもある。

④ アルツハイマー型認知症では，女性の有病率は男性の1.4倍高いとされている。

⑤ 若年性認知症は65歳未満で発症する認知症のことである。

Q126 ☐☐☐

認知症について，正しいものを1つ選べ。

① アルツハイマー型認知症では，早期から側頭葉内側の萎縮がみられる。

② 中核症状の悪化に伴い周辺症状（BPSD）も悪化する。

③ アルツハイマー型認知症では感情失禁がみられる。

④ 認知症で最も多いのはレビー小体型認知症である。

⑤ リアリティ・オリエンテーションは情動面に焦点を当てたアプローチである。

Q127 ☐☐☐

レビー小体型認知症の特徴的な症状として，適切なものを1つ選べ。

① 幻視

② 感情失禁

③ 常同行動

④ 徘徊

⑤ 見当識障害

Q128 ☐☐☐

前頭側頭型認知症の症状として，正しいものを1つ選べ。

① 脱抑制

② パーキンソン症状

③ 物盗られ妄想

④ 幻視

⑤ 歩行障害

A126　① ：認知症

① 海馬や扁桃，嗅内部の大部分に萎縮がみられる。

② 中核症状の悪化とBPSDの悪化は必ずしもリンクしておらず，中核症状が悪化していなくてもBPSDのみが悪化する場合がある。

③ 感情失禁は血管性認知症の症状であり，アルツハイマー型認知症ではみられない。

④ 最も多いのはアルツハイマー型認知症である。

⑤ リアリティ・オリエンテーションは見当識など認知面に焦点を当てたアプローチである。

A127　① ：レビー小体型認知症

① 人物や小動物，虫のような具体的な幻視がみられ，その多くが反復持続的である。

② 感情失禁は血管性認知症でみられる症状である。

③ 常同行動は前頭側頭型認知症でみられる症状である。

④ 徘徊はアルツハイマー型認知症でみられる症状である。

⑤ 見当識障害はアルツハイマー型認知症でみられる症状である。

A128　① ：前頭側頭型認知症

① 脱抑制や人格変化，常同行動，被影響性亢進などがみられる。

② パーキンソン症状はレビー小体型認知症の症状である。

③ 物盗られ妄想はアルツハイマー型認知症の症状である。

④ 幻視はレビー小体型認知症の症状である。

⑤ 歩行障害は血管性認知症の症状である。

Q129 .... □□□

統合失調症について，正しいものを1つ選べ。

① 10代での発症が多く，30代以降では発症しない。
② 薬物療法では，選択的セロトニン再取込み阻害薬（SSRI）などの抗うつ薬を用いる。
③ 予後に重篤な症状を示す者は約10%である。
④ 陽性症状に対する病識を有する。
⑤ 被害妄想を示す。

Q130 .... □□□

統合失調症について，正しいものを1つ選べ。

① 有病率は0.1%程度である。
② 患者の多くは寛解する。
③ 一般的に，4段階を通って経過する。
④ 自殺率は低い。
⑤ 認知行動療法は有効ではない。

Q131 .... □□□

統合失調症の特徴的な症状として，最も適切なものを1つ選べ。

① 自分は重大な病気にかかっていると信じている。
② 非合理であるとわかっているが，確認したり行動したりしなければ不安が高まる思考が浮かび上がってくる。
③ 次々といろいろな考えが思い浮かんできて，まとまらないまま会話をしてしまう。
④ あてもなく街中をふらふらと歩き回る。
⑤ 発汗や動悸，めまいなどの身体症状が突然に，繰り返し生じる。

A129　⑤ :統合失調症

① 10代での発症が最も多いが，30〜40代での発症もみられる。

② 薬物療法では抗精神病薬を用いる。

③ 予後は20〜30％が寛解，40〜50％が不完全寛解，20〜30％が治療困難で生活水準に重大な荒廃をきたす重篤な状態が継続する。

④ 陽性症状，陰性症状ともに病識はない。

⑤ 被害妄想として，被毒妄想や追跡妄想，注察妄想などを示す。

A130　③ :統合失調症

① 有病率は0.7〜1.0％程度である。

② 寛解率は20〜30％で，多くは再発を繰り返し，怠学やひきこもり，就労困難などの生活障害を残す。

③ 統合失調症は，前駆期，急性期，消耗期，回復期という4つの段階を通って経過していく。

④ 一般人口に比べ，数十倍自殺者が多いことが知られている。

⑤ 統合失調症患者に対する認知行動療法（CBTp）が用いられている。

A131　③ :統合失調症の症状

① これは心気妄想で，うつ病でみられる症状である。

② これは強迫観念で，強迫症の症状である。

③ これはまとまりのない思考（disorganized thinking）と呼ばれる症状であり，統合失調症にみられる思考形式の障害である。

④ 徘徊は認知症などでみられるが，統合失調症ではみられない。

⑤ これはパニック発作で，パニック症の症状である。

Q132

緊張病／器質性緊張病性障害について，誤っているものを1つ選べ。

① 精神疾患や神経疾患，代謝疾患など多様な原因で生じる。

② ICD-10では，昏迷と興奮の両者が存在していることが診断基準となっている。

③ 統合失調症をもつ人の35％程度にみられる。

④ DSM-5では「統合失調症スペクトラム障害および他の精神病性障害群」に含まれている。

⑤ せん妄の経過中にのみ症状が起こる場合は，緊張病の診断は下されない。

Q133

気分障害について，正しいものを1つ選べ。

① うつ病の基本症状は抑うつ気分と睡眠障害である。

② うつ病の精神療法については，「笠原の7原則」が有用である。

③ 双極Ⅰ型障害では躁病エピソードと抑うつエピソードが必須である。

④ うつ病は女性よりも男性で発症しやすい。

⑤ うつ病も双極性障害も薬物療法では抗うつ薬を用いる。

Q134

気分障害について，正しいものを1つ選べ。

① 双極性障害に対する薬物療法では抗うつ薬は使用しない。

② うつ病と判断するためには，抑うつ気分と思考力・集中力の減退のいずれかがみられていなければならない。

③ うつ病の生涯有病率は1％程度である。

④ 双極Ⅰ型の有病率は双極Ⅱ型の有病率の約2倍である。

⑤ うつ病患者に休養をとらせることは罪悪感を高めるので望ましくない。

A132　②：緊張病

① 精神疾患(統合失調症やうつ病，双極性障害)，神経疾患(頭部外傷，脳血管疾患)，代謝疾患(高カルシウム血症)など，多様な原因で生じる。

② ICD-10では，(a)昏迷，(b)興奮，(c)昏迷と興奮の両者，のいずれか1つが存在しなければならないとされているため，昏迷のみ，あるいは興奮のみでも，緊張病と診断されることがある。

③ DSM-5において，統合失調症をもつ人の35%にまで生じると記載されている。

④ DSM-5の「統合失調症スペクトラム障害および他の精神病性障害群」には，統合失調症，統合失調型(パーソナリティ)障害，緊張病などが含まれている。

⑤ せん妄や神経遮断薬(抗精神病薬)悪性症候群の経過中にのみ症状が起こる場合は，緊張病とは診断を下さないとされている。

A133　②：気分障害

① うつ病の基本症状は抑うつ気分と興味・喜びの喪失である。

② 笠原嘉によって示されたもので，うつ病の小精神療法における対応をまとめたものである。

③ 双極Ⅰ型障害は躁病エピソードは必須であるが，抑うつエピソードは必須ではない。

④ 女性の方が男性よりも約2倍発症しやすい。

⑤ うつ病では抗うつ薬を用いるが，双極性障害では炭酸リチウムや非定型抗精神病薬を用いる。

A134　①：気分障害

① 双極性障害に対して抗うつ薬を使用することで躁状態を亢進させる可能性があるため，使用しない。

② うつ病の診断には，抑うつ気分と興味・喜びの喪失のいずれかが必須である。

③ うつ病の生涯有病率3〜7%である。

④ 双極Ⅰ型と双極Ⅱ型の有病率はどちらも1%程度である。

⑤ うつ病の治療には，休養，薬物療法，心理療法が有効である。

基礎心理学

実験・研究

人体の構造／精神疾患

アセスメント／心理的支援

法律・制度

事例

Q135 ☐☐☐

パニック症に関わるものとして，正しいものを１つ選べ。

① 考想化声

② 広場恐怖

③ 常同症

④ 感情失禁

⑤ 幻視

Q136 ☐☐☐

パニック症について，正しいものを１つ選べ。

① 広場恐怖を有することで診断基準を満たす。

② 予期不安によって発作が生じるような行動を回避するようになる。

③ 男性では20歳台前半と40～50歳台の2度の発症ピークがある。

④ 薬物療法では抗不安薬を第一選択薬とする。

⑤ 遺伝の影響はほぼ認められない。

Q137 ☐☐☐

強迫症について，正しいものを１つ選べ。

① 家族などに強迫行為の強要や代行を示すことがある。

② チックとの合併は少ない。

③ 強迫観念や強迫行為は日常の特定場面のみで生じる。

④ 強迫観念が不合理であるという認識が乏しい。

⑤ 注意欠如・多動症(AD/HD)は鑑別すべき疾患のひとつである。

A135　②：パニック症

① 考想化声とは自分の考えていることが声になって聞こえるという幻聴のことであり，統合失調症でみられる。

② 広場恐怖は強い不安に襲われたときに逃げられない，助けが得られない状況や場所にいることに強い不安や恐怖を抱く状態であり，パニック症の多くで伴って生じる。

③ 常同症は同じ行為や言語，姿勢などを長時間にわたって反復・持続する状態であり，統合失調症や自閉スペクトラム症などでみられる。

④ 感情失禁は情動調節がうまくできずに過度に感情を表出してしまう状態であり，血管性認知症などでみられる。

⑤ 幻視は本来存在しないものを視覚的に認知してしまうことであり，統合失調症やレビー小体型認知症，アルコールからの離脱時などでみられる。

A136　②：パニック症

① パニック症の50〜60％では広場恐怖を併存するが，パニック症と広場恐怖は別の診断分類であり，パニック症の必須要件にはなっていない。

② パニック発作がまた起こるのではないかという不安（予期不安）が行動を回避させる。

③ 女性の発症年齢の特徴である（男性では40〜50歳台の発症はほとんどみられない）。

④ 選択的セロトニン再取込み阻害薬（SSRI）などの抗うつ薬を第一選択薬とする。

⑤ 双生児研究では遺伝率が40％程度とされており，ある程度の遺伝要因が関わっている。

A137　①：強迫症

① このような行為を「巻き込み行為」と呼ぶ。

② チックやトゥレット症候群との合併は多くみられる。

③ 強迫観念や強迫行為は日常生活のあらゆる場面で生じる。

④ ほとんどの場合，強迫観念は不合理であるという認識がある。

⑤ 自閉スペクトラム症（ASD）は鑑別すべき疾患のひとつであるが，AD/HDは強迫症と類似した行動はみられない。

Q138 ··· □□□

解離症群について，正しいものを１つ選べ。

① 離人感・現実感消失症は中年期が好発期である。

② 解離性健忘をもつ者は，自身の記憶の問題に気づいていないことが多い。

③ 薬物療法では抗うつ薬を第一選択薬とする。

④ DSM-5では，心的外傷及びストレス因関連障害群に含まれている。

⑤ 虐待の既往の割合は低い。

Q139 ··· □□□

反応性アタッチメント障害/反応性愛着障害について，誤っているものを１つ選べ。

① 重度のネグレクトを受けた子どもの多くに生じる。

② 自閉スペクトラム症（ASD）との鑑別が求められる。

③ ５歳以前に症状/障害が明らかになっている。

④ ICD-10では，適用すべき診断基準が不明確である。

⑤ 常同症/常同運動症と併存する。

Q140 ··· □□□

心的外傷後ストレス障害（PTSD）について，正しいものを１つ選べ。

① 再体験，回避，慢性的な過覚醒の３つを主症状とする。

② 外傷体験が１回の場合は心的外傷後ストレス障害とは診断されない。

③ 認知行動療法が有効である。

④ ベンゾジアゼピン系抗不安薬が第一選択薬となる。

⑤ EMDRはトラウマに対する筋弛緩法である。

A138　②　：解離症群

① 離人感・現実感消失症の好発期は10代である。

② 解離性健忘では，記憶に関する症識が乏しい。

③ 解離性障害そのものに効果的な薬物はない（抑うつや不安などが目立つ場合に抗うつ薬などを用いることはある）。

④ DSM-5では，解離症群という1つのカテゴリーにまとめられている。

⑤ トラウマ的な出来事など心因性の要因によって生じるものであり，特に虐待の既往割合は高い。

A139　①　：反応性アタッチメント障害

① DSM-5によると，重度のネグレクトを受けた子どもの母集団であっても，10%未満の子どもにしかみられないとされている。

② DSM-5において，ASDとの鑑別が求められている。

③ DSM-5の診断基準において「その障害は5歳以前に明らかである」とされている。

④ ICD-10では「適用すべき診断基準，症候群の範囲，1つの妥当な疾患単位を構成するのかどうかに関しては不明確なままである」とされている。

⑤ DSM-5において「認知面の遅れ，言語の遅れ，常同症を含む，ネグレクトに関連した状態はしばしば反応性アタッチメント障害と併存する」とされている。

A140　③　：心的外傷後ストレス障害（PTSD）

① 再体験，回避，気分・思考の陰性変化，過覚醒の4つを基本症状としている。

② 外傷体験が1回であってもPTSDが生じることがある。

③ トラウマ焦点化型認知行動療法が用いられる。

④ PTSDに対しては選択的セロトニン再取込み阻害薬（SSRI）が第一選択薬となる。

⑤ EMDR（Eye Movement Desensitization and Reprocessing）は筋弛緩法ではなく，眼球運動で脳を刺激することで，脳の情報処理プロセスを活性化する方法である。

基礎心理学

実験・研究

人体の構造／精神疾患

アセスメント／心理的支援

法律・制度

事例

Q141 □□□

心的外傷後ストレス障害(PTSD)について，正しいものを１つ選べ。

① SAM軸の機能異常が示唆されている。

② 気分が陽性方向，陰性方向の極端に揺れ動く。

③ 明らかな原因の存在が規定されている。

④ 心理的デブリーフィングが有効である。

⑤ フラッシュバックと呼ばれる解離症状を呈する。

Q142 □□□

適応障害について，正しいものを１つ選べ。

① ストレス因の発生から６か月以内に発症する。

② うつ病の診断基準も満たす場合は，適応障害とうつ病の併存を認める。

③ 抗うつ薬は適応障害そのものへの治療効果が期待されている。

④ ストレス因を除去すると，６か月以内に症状は消失する。

⑤ 易怒性・衝動性を示す。

Q143 □□□

神経性無食欲症ついて，正しいものを１つ選べ。

① DSM-5において無月経の項目が追加された。

② 抗精神病薬による薬物療法の効果が示されている。

③ 部分寛解とは，肥満恐怖や自己認識の障害が回復したにもかかわらず低体重が認められる状態である。

④ 体重の回復と心理療法を同時に進める。

⑤ 積極的な栄養補給は避けるべきである。

A141　③：心的外傷後ストレス障害（PTSD）

① SAM軸（視床下部—交感神経—副腎髄質）ではなく，HPA軸（視床下部—下垂体前葉—副腎皮質）の機能異常が示唆されている。

② 気分は陰性的な変化を示し，陽性的な変化を示すことはない。

③ 危うく死ぬか重傷を負う，またはそれを目撃したというようなトラウマ体験の存在が診断上必須となる。

④ 心理的デブリーフィングは二次被害を引き起こすことが指摘され，その効果は現在では否定されている。

⑤ フラッシュバックは侵入症状（再体験症状）のひとつであり，解離症状ではない。

A142　④：適応障害

① ストレス因の発生から3か月以内に発症する。

② うつ病の診断基準を満たす場合には，適応障害と診断することはできないため，うつ病との鑑別は重要である。

③ 適応障害そのものに有効な薬物はない。

④ DSM-5の診断基準として「ストレス因，またはその結果がひとたび終結すると，症状はその後さらに6か月以上持続することはない」とされている。

⑤ 主な症状は不安や抑うつなどの情緒面と社会的・職業的・生活面などでの機能障害であり，易怒性・衝動性は示さない。

A143　⑤：神経性無食欲症

① DSM-Ⅳ-TRまであった無月経の項目がDSM-5になって削除された。

② 有効性が実証的に示されている薬物療法はない。

③ 部分寛解とは，低体重は認められないが，肥満恐怖や自己認識の障害のいずれかは満たしている状態である。

④ まずは体重回復（40kg以上，BMI15.0kg/m² 以上）を目指した入院栄養療法を行い，体重回復後，認知行動療法や家族療法などを行う。

⑤ 慢性的な栄養不足状態のなかで積極的な栄養補給を行うと，低リン血症をきたし，発熱，けいれん，意識障害，心不全，呼吸障害などの症状が生じる。これをリフィーディング症候群と呼ぶ。患者の状態をモニターしながら徐々に栄養補給をしなければならない。

Q144 ··· □□□

神経性無食欲症について，正しいものを1つ選べ。

① DSM-5ではBMI値をもとに診断する。

② 完全寛解（全快）率は約30％である。

③ 体重が増加することに対して強い恐怖心がある。

④ 入院治療では身体管理や身体機能回復などを目的とするため，内科に入院させる。

⑤ BMI値が17kg/m² 未満は重症度が「最重度」と判断される。

Q145 ··· □□□

睡眠障害について，正しいものを1つ選べ。

① 夢遊症は極端な疲労や睡眠不足によって悪化する。

② 入眠時幻覚は不眠症の特徴的な症状のひとつである。

③ 不眠症者が昼間に眠気を感じたら，我慢せずにしっかりと寝ることが重要である。

④ レストレスレッグス症候群に対してはメチルフェニデートが処方される。

⑤ 不眠症では情動脱力発作がみられる。

Q146 ··· □□□

感情や対人関係の不安定さ，衝動をうまく制御することができないなどの特徴を有するパーソナリティ障害として，正しいものを1つ選べ。

① 回避性パーソナリティ障害

② シゾイドパーソナリティ障害

③ 依存性パーソナリティ障害

④ 境界性パーソナリティ障害

⑤ 統合失調型パーソナリティ障害

A144　③：神経性無食欲症

①　ICD-10ではBMI値が診断基準に含まれているが，DSM-5には含まれていない。

②　日本における予後は，完全寛解率は47％，部分回復が10％，慢性化が36％，死亡が7％となっている。

③　神経性無食欲症は，食行動異常，体重増加への恐怖，ボディイメージの障害を主症状としている。

④　栄養療法など内科的な治療も必要となるが，入院は精神科で行う。

⑤　$BMI \geqq 17kg/m^2$ が軽症，$16 \sim 16.99kg/m^2$ が中等症，$15 \sim 15.99kg/m^2$ が重度，$15kg/m^2$ 未満が最重度となる。

A145　①：睡眠障害

①　夢遊症は極端な疲労，睡眠不足，ストレスなどによって悪化したり，遊行頻度が増加したりする。

②　入眠時幻覚はナルコレプシーの症状のひとつである。

③　昼寝をする際には20〜30分程度にとどめる。

④　レストレスレッグス症候群に対しては中枢ドパミン作動薬やGABA誘導体，抗けいれん薬などが処方される。

⑤　情動脱力発作はナルコレプシーの特異的な症状のひとつである。

A146　④：パーソナリティ障害

①　回避性パーソナリティ障害は，周囲からの拒絶や失敗することを恐れ，強い刺激をもたらす状況を避ける特徴がある。

②　シゾイド（統合失調質）パーソナリティ障害は非社交性や鈍重さ，過敏性を認め，感情体験や感情表出が乏しい。

③　依存性パーソナリティ障害は他者への依存的な態度や行動が顕著で，無力感や孤立に対する不安を示す。

④　境界性パーソナリティ障害の他の特徴としては，二極思考，欲求不満や怒りの頻出，自己破壊的行為などがみられる。

⑤　統合失調型パーソナリティ障害は，関係念慮，妄想的観念，感情が狭く適切さを欠くなどの特徴を有する。

Q147

パーソナリティ障害のうち，ICD-10に示されていないものを1つ選べ。

① 統合失調質パーソナリティ障害

② 依存性パーソナリティ障害

③ 強迫性パーソナリティ障害

④ 自己愛性パーソナリティ障害

⑤ 情緒不安定性パーソナリティ障害

Q148

反抗挑発症/反抗挑戦性障害について，正しいものを1つ選べ。

① 診断基準に情動調節不全は含まない。

② 法や他人の権利を侵害する行動を示す。

③ 症状は家庭内という状況に限局される場合が多い。

④ 自閉スペクトラム症(ASD)との併存が頻繁にみられる。

⑤ 初発症状は児童期または青年期早期に現れる。

Q149

DSM-5における素行症/素行障害の診断基準に含まれないものを1つ選べ。

① 執念深さ

② 所有物の破壊

③ 人及び動物に対する攻撃性

④ 重大な規則違反

⑤ 虚偽性や窃盗

A147　④　：パーソナリティ障害

① 統合失調質パーソナリティ障害はICD-10に示されている（F60.1）。

② 依存性パーソナリティ障害はICD-10に示されている（F60.7）。

③ 強迫性パーソナリティ障害はICD-10に示されている（F60.5）。

④ 自己愛性パーソナリティ障害に相当するパーソナリティ障害はICD-10には示されていない。

⑤ 情緒不安定性パーソナリティ障害はICD-10に示されている（F60.3）。

A148　③　：反抗挑発症/反抗挑戦性障害

① 怒りや易怒的な気分など情動調節不全が診断基準に含まれている。

② 素行症/素行障害は法や他人の権利を侵害する行動を示すが，反抗挑発症/反抗挑戦性障害ではみられない。

③ DSM-5において，「反抗挑発症の症状はしばしば特定の1つの状況に限局するが，多くの場合それは家庭である」とされている。

④ 注意欠如・多動症（AD/HD）と併存することはあるが，ASDと併存することはほとんどない。

⑤ DSM-5において，「初発症状は通常は就学前に現れ，青年期早期以降はまれである」とされている。

A149　①　：素行症/素行障害

① 執念深さは，反抗挑発症/反抗挑戦性障害の診断基準には含まれているが，素行症/素行障害の診断基準には含まれていない。

② 重大な損害を与えるために故意に放火したことがあるなどの行為が含まれる。

③ 他人をいじめたり脅迫したり威嚇したりする，人や動物に対して身体的に残酷であったなどが含まれる。

④ 親による禁止にもかかわらず，しばしば夜間に外出する行為が13歳未満から始まるなどが含まれる。

⑤ 他人の住居，建造物，車に侵入したことがある，物または好意を得たり，義務を逃れたりするためしばしば嘘をつく，などが含まれる。

Q150 □□□

病的窃盗/窃盗症について，正しいものを１つ選べ。

① 盗みは単独でも，共犯者とともに集団でも行う。
② 利益を得るために盗みを繰り返すものも含まれる。
③ 事前に盗みの計画を綿密に立てる傾向がある。
④ 盗みによって逮捕される可能性を十分に考慮・理解している。
⑤ 盗みの前後で緊張の変化はみられない。

Q151 □□□

知的能力障害/知的障害について，正しいものを１つ選べ。

① DSM-5では，自閉スペクトラム症(ASD)と同じカテゴリーに分類されている。
② 概念的領域と実用的領域の２領域における障害がみられる。
③ 有病率は5%程度である。
④ 12歳までに発症する。
⑤ 標準化された知能検査において平均値よりも１標準偏差分以上低い状態である。

Q152 □□□

知的能力障害/知的障害について，正しいものを１つ選べ。

① ICD-10では自閉スペクトラム症(ASD)と同じカテゴリーに含まれている。
② 知的能力の低さによって診断される。
③ 障害が重度であるほどてんかんとの併発率が高くなる。
④ 原因が明確である場合が多い。
⑤ 知的能力の改善のため抗うつ薬を使用する。

解答

A150　④　：病的窃盗/窃盗症

①　盗みはひとりで行い，共犯者とともに行うことはない。

②　物を盗もうという衝動に抵抗できないために盗むのであり，利益を得るための盗みとは区別される。

③　物を盗もうという衝動に抵抗できずに盗みを行うため，計画的に盗むことはしない。

④　逮捕される可能性は十分に考慮・理解しており，逮捕されることへの恐れや盗みについての罪の意識もみられる。

⑤　盗みの直前では緊張が高まり，盗んでいるときやその直後には快感や満足，解放感を得る。

A151　①　：知的能力障害/知的障害

①　DSM-5ではASDや注意欠如・多動症（AD/HD）と同じ神経発達症群/神経発達障害群に含まれている。

②　概念的領域，社会的領域，実用的領域という3領域で障害がみられる。

③　有病率は1%程度とされている。

④　18歳未満に発症しているものをいう。

⑤　標準化された知能検査において平均値よりも2標準偏差分以上低い状態である。

A152　③　：知的能力障害/知的障害

①　ICD-10では，知的能力障害はF7「精神遅滞」に，ASDはF8「心理的発達の障害」に含まれている。

②　知的能力の低さと社会生活への適応の低さの2つが診断基準となっている。

③　軽度では10%程度であるが，重度になると50%ほどがてんかんを併発している。

④　重度知的能力障害の4分の3は原因が明らかであるが，軽度では約半数が原因不明である。

⑤　薬物療法を含め，知的能力そのものを改善させることは困難である。

実験・研究

人体の構造／精神疾患

アセスメント／心理的支援

法律・制度

事例

Q153

自閉スペクトラム症(ASD)について，正しいものを１つ選べ。

① 言葉の発達の遅れを示すことは少ない。
② TEACCHによって中核症状を軽減できる。
③ 特定の物への執着を示す。
④ 統語論的な能力につまずきを示す。
⑤ 注意欠如・多動症(AD/HD)との併存診断はできない。

Q154

自閉スペクトラム症(ASD)について，正しいものを１つ選べ。

① L. Wingは社会性の観点から４つのタイプに分類している。
② 中核症状の改善には抗精神病薬が有効である。
③ 心の理論の獲得に遅れを示す。
④ 健常者よりも錯視が容易に，あるいは過大に生じやすい。
⑤ 知的な遅れは有していない。

Q155

注意欠如・多動症(AD/HD)について，正しいものを１つ選べ。

① 大人になるにつれて，不注意は目立たなくなるが，多動・衝動性は残る。
② 全般的に覚醒度が高い。
③ 統合失調症との鑑別が重要である。
④ 12歳までにいくつかの症状が認められなければならない。
⑤ 遺伝の関与はほとんどみられない。

A153 ③ ：自閉スペクトラム症（ASD）

① 言葉の発達に遅れを伴うことが多い。

② TEACCHを含め，中核症状を改善する方法はない。

③ ASDの基本症状は，「社会的コミュニケーションおよび対人相互反応における障害」と「行動・興味または活動の限定された反復的な様式」（DSM-5）であり，特定の物への執着は後者の特徴にあたる。

④ 統語論的な能力ではなく，語用論的な能力の獲得に困難を示す。

⑤ DSM-Ⅳ-TRからDSM-5に改訂された際に，AD/HDとの併存診断が可能になった。

A154 ③ ：自閉スペクトラム症（ASD）

① Wingは孤立型，受け身型，積極奇異型の3タイプに分けている。

② 中核症状の改善に有効な薬物はない。

③ 共同注意の獲得の遅れや心の理論の獲得の遅れは，ASDの早期症状とされている（これだけでASDという診断はできない）。

④ U. FrithとF. G. E. Happéは弱い中枢性統合仮説を提唱し，Ebbinghaus錯視を用いた実験で，健常者よりもASD者は錯視を起こしにくかったことを示している。

⑤ 知的な遅れを有している者も含まれる。

A155 ④ ：注意欠如・多動症（AD/HD）

① 大人になるにつれて，多動・衝動性は目立たなくなるが，不注意は残りやすい。

② 全般的に覚醒度は低く，日中の過眠傾向が認められる。

③ 統合失調症と類似する症状はないため，統合失調症は鑑別疾患にはあたらない。

④ DSM-5の診断基準として，12歳までにいくつかの症状が認められることがあげられている。

⑤ 双生児研究では平均遺伝率が70～80％と高い値を示しており，遺伝の関与が示唆されている。

Q156 ··· □□□

注意欠如・多動症(AD/HD)について，正しいものを1つ選べ。

① 注意欠如，多動性，衝動性という3つの行動タイプがすべてみられなければならない。

② 症状が特定の場面でしか生じていない場合は，AD/HDとは診断されない。

③ 加齢に伴い注意の欠如はみられなくなる。

④ 薬物療法は有効ではない。

⑤ 大人になってから発症することがある。

Q157 ··· □□□

発達障害児に対する治療及び心理的支援について，正しいものを1つ選べ。

① 発達・社会的語用論モデルでは，支援者などの言動を当事者に真似させることによって，適切なコミュニケーション・スキルを習得させる。

② PECSは注意欠如・多動症(AD/HD)の衝動性をコントロールする方法を教える訓練法である。

③ ペアレントトレーニングは注意欠如・多動症(AD/HD)には有効であるが，自閉スペクトラム症(ASD)には効果がない。

④ TEACCHは応用行動分析の考え方を取り入れたASDの当事者及び家族に対する包括的プログラムである。

⑤ 限局性学習症に対しては，メチルフェニデートの有効性が示されている。

Q158 ··· □□□

選択性緘黙について，正しいものを1つ選べ。

① 知的能力障害を有する。

② DSM-5では神経発達症群/神経発達障害群に分類されている。

③ コミュニケーション症の一形態である。

④ 社会的不安や敏感さなど特定の性格との結びつきが指摘されている。

⑤ おおむね10歳までに発症する。

A156　② ：注意欠如・多動症（AD/HD）

① 注意欠如か多動・衝動性のいずれかがみられていれば，AD/HDと診断できる。
② DSM-5では，症状のいくつかが2つ以上の環境（家庭・学校・職場・社交場面）で存在していることが診断基準としてあげられている。
③ 加齢に伴い多動・衝動性が落ち着くことはあるが，注意の欠如は残りやすい。
④ AD/HDの中核症状には，中枢神経刺激薬（メチルフェニデート）を用いることで，不注意や多動性などが改善する。
⑤ AD/HDは12歳までにいくつかの症状が存在していることが必要であり，大人になってから発症することはない。

A157　④ ：発達障害児に対する治療・支援

① 発達・社会的語用論モデルでは，子どもの言動を支援者などが真似をしたり，行動を言語化したりすることを通して，適切なコミュニケーション・スキルの習得を目指す。
② PECSは絵カードを意思伝達手段として，ASD児の要求言語行動の発達を促す訓練法である。
③ ペアレントトレーニングはASDに対してもAD/HDに対しても有効である。
④ TEACCHは応用行動分析の考え方を取り入れたASD児及びその家族に対する包括的プログラムで，エビデンスが示されている。
⑤ メチルフェニデートはAD/HDに用いられる中枢神経刺激薬であり，限局性学習症に対して有効な薬物療法はない。

A158　④ ：選択性緘黙

① 知的能力障害を有している場合は，知的能力障害が優位診断となり，選択性緘黙とは診断されない。
② DSM-5では「不安症群/不安障害群」のカテゴリーに含まれている。
③ DSM-5では，コミュニケーション症ではうまく説明できないとされており，コミュニケーション症には含まれない。
④ 過度な内気，社会的孤立，強迫的傾向，社会的不安，敏感さなどとの結びつきが指摘されている。
⑤ 通常5歳未満で発症する。

Q159

DSM-5における性別違和について，正しいものを2つ選べ。

① 子どもと青年・成人とで異なる診断基準が設けられている。

② 統合失調症は鑑別すべき疾患であり，併存診断をすることはできない。

③ 遺伝的関与が非常に強いことが指摘されている。

④ 診断基準には同性に向けられる性指向に関する記述がある。

⑤ 性に関する同一性ではなく臨床的問題としての不快や苦痛に焦点を当てている。

Q160

向精神薬について，正しいものを1つ選べ。

① 精神疾患の原因を治癒・改善することができる。

② 薬物に対する反応性は個人差が大きい。

③ 同じ精神疾患・症状であれば，処方する向精神薬の種類や量は同じである。

④ 因果関係は明らかではないが，薬物の使用とともに生じた有害な反応を奇異反応と呼ぶ。

⑤ 薬剤成分が血流にのって精神機能に影響を及ぼす。

Q161

ベンゾジアゼピン系抗不安薬の特徴として，あてはまらないものを1つ選べ。

① 大量に服薬しても比較的安全である。

② アルコールとの相互作用が少ない。

③ 効果の発現が早い。

④ 心血管系への影響が少ない。

⑤ 不安障害に関する臨床実績が十分にある。

A159　　①と⑤　：性別違和

① 子どもの基準の方がより具体的な行動様式に基づいて定義されている。

② DSM-5では「統合失調症と性別違和が同時に存在してよい」とされている。

③ DSM-5では「若干の遺伝的関与が示されている」とされており，遺伝要因以外にも，器質要因や環境要因が関わっていることが指摘されている。

④ 診断基準には性指向に関する内容は含まれていない。

⑤ 性同一性障害から性別違和に変更することで，臨床的問題としての不快や苦痛に焦点を当てたものとなった。

A160　　②　：向精神薬

① 向精神薬では精神疾患の原因を治癒・改善することはできない。

② 反応性の個人差が大きいため，最初は単剤を少量だけ処方する。

③ 反応性の個人差が大きいことから，患者の状態や服薬歴などを考慮して，個々に合った処方を行う。

④ 有害事象の説明である(奇異反応とは，期待する作用とは逆の作用が生じることである)。

⑤ 中枢神経を介して精神機能に作用する。

A161　　②　：ベンゾジアゼピン系抗不安薬の特徴

① 他の向精神薬に比べて，大量に服薬しても安全である。

② アルコールとの相互作用がみられ，抗不安薬の作用が強まるとともに，アルコールの酩酊作用も増強される。

③ 即効性のある向精神薬である。

④ 心血管系への負担が少ないため，心血管系の障害をもっている者や高齢者でも服用できる。

⑤ すでに多くの臨床実績が示され，効果，安全性が確認されている。

Q162

ベンゾジアゼピン系抗不安薬の副作用として，<u>あてはまらないもの</u>を1つ選べ。

① ふらつき

② 依存

③ 眠気

④ 嘔気

⑤ 減量時の離脱症状

Q163

選択的セロトニン再取込み阻害薬(SSRI)の副作用として，あてはまるものを1つ選べ。

① discontinuation syndrome

② アカシジア

③ 高プロラクチン血症

④ Stevens=Johnson症候群

⑤ 依存

Q164

副作用として錐体外路症状を示す向精神薬として，最も適切なものを1つ選べ。

① ベンゾジアゼピン系抗不安薬

② 三環系抗うつ薬

③ 抗精神病薬

④ 中枢神経刺激薬

⑤ セロトニン・ノルアドレナリン再取込み阻害薬(SNRI)

A162　④　：ベンゾジアゼピン系抗不安薬の副作用

① 筋弛緩作用があるため，ふらつきや転倒がみられる。

② ベンゾジアゼピン系抗不安薬には常容量依存が指摘されている。

③ 睡眠薬としても用いられるため，眠気が生じる。

④ 嘔気を示すことはほとんどない。

⑤ 依存が形成されるため，離脱症状がみられる。

A163　①　：選択的セロトニン再取込み阻害薬（SSRI）の副作用

① discontinuation syndromeは中断症候群のことであり，めまい，不眠，悪心，頭痛，下痢などがみられる。

② アカシジアは，抗精神症薬の副作用である錐体外路症状でみられるものである。

③ 高プロラクチン血症は抗精神病薬の副作用としてみられる。

④ Stevens=Johnson症候群は，気分安定薬・抗てんかん薬に用いられるカルバマゼピンの副作用としてみられる。

⑤ 依存はベンゾジアゼピン系抗不安薬の副作用としてみられる。

A164　③　：向精神薬の副作用

① ベンゾジアゼピン系抗不安薬の副作用としては，依存，ふらつき・転倒，注意力低下などがある。

② 三環系抗うつ薬の副作用としては，抗コリン作用（口渇，便秘，排尿障害など）がある。

③ 錐体外路症状にはパーキンソン症状，アカシジア，ジストニアがあり，ほかに悪性症候群，抗コリン作用，抗アドレナリン作用などもみられる。

④ 中枢神経刺激薬の副作用としては，精神依存が指摘されている。

⑤ SNRIの副作用としては，悪心，傾眠，口渇，頭痛などがある。

Q165 □□□

副作用として賦活症候群を示す向精神薬として，正しいものを１つ選べ。

① 炭酸リチウム

② 三環系抗うつ薬

③ メチルフェニデート

④ ベンゾジアゼピン系抗不安薬

⑤ 選択的セロトニン再取込み阻害薬（SSRI）

Q166 □□□

向精神薬の副作用である錐体外路症状として，あてはまらないものを１つ選べ。

① アカシジア

② セロトニン症候群

③ 急性ジストニア

④ 遅発性ジストニア

⑤ パーキンソン症状

Q167 □□□

患者が積極的に治療方針の決定に参加し，その決定に従って治療を受けることを表す言葉として，適切なものを１つ選べ。

① アドヒアランス

② ジョイニング

③ コンプライアンス

④ インフォームド・コンセント

⑤ デブリーフィング

A165　⑤：向精神薬の副作用

① 炭酸リチウムの副作用としては，手指の微細な振戦，多尿，甲状腺機能低下，記憶障害などがある。
② 三環系抗うつ薬の副作用としては，抗コリン作用がある。
③ メチルフェニデート（中枢神経刺激薬）の副作用としては，精神依存がある。
④ ベンゾジアゼピン系抗不安薬の副作用としては，ふらつきや転倒，依存，離脱症状などがある。
⑤ SSRIの副作用には，賦活症候群のほかに，消化器症状（悪心，嘔気など），セロトニン症候群，性機能障害などがある。

A166　②：錐体外路症状

① アカシジアは，下半身を中心としたムズムズ感と落ち着きのなさを症状とする。
② セロトニン症候群は錯乱や軽躁状態，焦燥などを示し，選択的セロトニン再取込み阻害薬（SSRI）の副作用としてみられる。
③ 急性ジストニアは，眼球の上転や舌突出，痙性斜頸など不随意に筋肉の間欠的あるいは持続的な固縮と痙直を示すものである。
④ 急性ジストニアと同様であるが，遅発性は難治性である。
⑤ パーキンソン症状は，仮面様顔貌や手指の振戦，筋固縮などとして現れる。

A167　①：患者─医療従事者関係

① アドヒアランスを徹底することで，患者─医療従事者間の信頼関係の向上，患者の治療に対する主体的な取り組み，治療効果の向上が期待される。
② ジョイニングはS. Minuchinの構造的家族療法の技法であり，アウトリーチで行う家族へのケアにおいて，特に初期に活用できるものである。
③ コンプライアンスとは患者が医療従事者の指示に従って治療を受けることであるが，患者が治療に対して受動的・消極的になり，治療計画の遅れや治療効果の低下，患者─医療従事者間の信頼関係の低下につながることが指摘されている。
④ 治療において事前に十分な説明を行い，患者本人などからの同意を得ることである。
⑤ 心理学の実験において，実験の目的を達成するために虚偽の教示（デセプション）を行った際に，実験終了後に本当の目的やデセプションをしなければならなかった理由を伝える手続きのことである。

Q168 □□□

がん患者に対する支援について，正しいものを1つ選べ。

① アドバンス・ケア・プランニングとは，患者と家族とで，今後の生活や治療方針について話し合うことである。

② 緩和ケアの対象は患者自身だけではなく，家族も含まれる。

③ 終末期に生じる苦痛には，身体的苦痛，心理的苦痛，社会的苦痛，経済的苦痛の4種類がある。

④ 患者は医師からの承認を受け，リビングウィルを表明する。

⑤ グリーフケアでは回想法が有効である。

Q169 □□□

周産期・産褥期の心理について，正しいものを1つ選べ。

① 産後うつ病の多くは産後2～5週程度で発症する。

② 母親から乳児への情緒的絆が欠如している状態をアタッチメント障害と呼ぶ。

③ マタニティブルーズが産後うつ病に移行することはない。

④ 産褥期精神病は，注意力低下や意識不明瞭を特徴とする。

⑤ マタニティブルーズは薬物療法が必須である。

Q170 □□□

チーム医療について，誤っているものを1つ選べ。

① 医療の進展に応じて，患者家族などもメンバーとして協力を得ていくようにする。

② チーム医療によって医療の効率化の向上が期待される。

③ メンバーが相互に連携・補完することが医療従事者の負担軽減につながる。

④ メンバーは対等で，最終的な責任者も置かない。

⑤ チーム医療の推進には多職種連携コンピテンシーの向上が求められる。

A168　② ：がん患者の支援

① アドバンス・ケア・プランニングとは，患者や家族，医療職，介護職などが今後の生活や治療の方針について話し合うことである。

② 緩和ケアは患者・家族が経験する苦痛の予測・予防・緩和を目的に行われる。

③ 終末期に生じる苦痛には，身体的苦痛，心理的苦痛，社会的苦痛，スピリチュアル・ペインの4種類があり，これらを総称して全人的苦痛と呼ぶ。

④ リビングウィルとは生前の意思表明であり，患者の自由意思で行われるものであるため，医師の承諾は不要である。

⑤ 患者家族に対する支援であるグリーフケアは，悲しみの表明やソーシャルサポートによって行われる（回想法はスピリチュアル・ペインに対する支援に有効である）。

A169　① ：周産期・産褥期の心理

① マタニティブルーズは産後10日以内に発症し，産後うつ病は産後2〜5週で発症する。

② ボンディング障害の説明である。

③ マタニティブルーズから産後うつ病に移行する場合がある。

④ 産褥期精神病は，乳児に対する妄想，幻聴，幻視を特徴とする。

⑤ マタニティブルーズは薬物療法や心理療法を行わなくても，ほとんどは自然寛解する。

A170　④ ：チーム医療

① 患者家族もチーム医療における重要なメンバーのひとりである。

② メンバーがそれぞれの専門性を発揮することで，医療の効率化の向上が期待される。

③ チーム医療の目的のひとつが，医療従事者の負担軽減である。

④ チーム医療では，医師が中心的な役割及び最終的な責任者となっている。

⑤ メンバーが他職種連携コンピテンシーを高めることで，チーム医療の目的が達成される。

基礎心理学

実験・研究

人体の構造／精神疾患

アセスメント／心理的支援

法律・制度

事例

Q171 ─────────────────────────────────── □□□

医療倫理と患者の安全について，正しいものを１つ選べ。

① リスボン宣言では，患者の自己決定権は掲げられていない。

② 患者が主治医以外の医師からの意見を求める場合，主治医からの情報によって主治医以外の医師の判断が歪められる可能性があるため，主治医からの情報は示さない方がよい。

③ T. L. Beauchamp と J. F. Childress が示した医療倫理の４原則とは，自律尊重，無危害，法遵守，正義である。

④ 医師は患者よりも専門的知識などを有しているため，治療方針については医師が主導権をもって，決定すべきである。

⑤ A. R. Jonsen らの臨床倫理４分割法は，臨床場面での倫理的問題の検討に有用である。

A171　⑤：医療倫理と患者の安全

① 患者の自己決定権については，リスボン宣言の11の柱のひとつとして掲げられている。

② 主治医以外の医師から意見を求めることを，セカンドオピニオンと呼び，セカンドオピニオンを受ける際には，主治医から検査結果やこれまでの治療などについて情報を提供してもらい，それらをもとに意見を示してもらう。

③ BeauchampとChildressの医療倫理の4原則は，自律尊重，無危害，善行，正義である。

④ 医師が十分な説明を行うとともに，患者やその家族の意見などを踏まえて，共同で治療方針の決めることが望ましく，それをShared Decision Makingと呼ぶ。

⑤ 4分割法で示された臨床倫理の4分類に基づいて倫理的問題点を抽出し，多職種による検討をすることが求められる。

第4部

心理アセスメントと
心理的支援

Q172 ───────────────────────────────── □□□

国際生活機能分類(ICF)について，誤っているものを1つ選べ。

① 生活機能は心身機能・構造，活動，参加の相互作用で表される。

② 活動は日常生活動作(ADL)よりも広い概念である。

③ 背景因子には環境因子と個人因子の2つがある。

④ 疾患の帰結をもとに分類することを目的としている。

⑤ 活動は能力と実行状況に分けられる。

Q173 ───────────────────────────────── □□□

人間が自らの問題を自らで解決し，自らの生活をコントロールする力を得て，生活に意味を発見するプロセスを表す用語として，適切なものを1つ選べ。

① 自己効力

② ストレングス

③ 内発的動機づけ

④ ノーマライゼーション

⑤ エンパワメント

Q174 ───────────────────────────────── □□□

インテーク面接について，正しいものを1つ選べ。

① 主訴についてのみ尋ね，他の情報は尋ねない。

② インテーク面接終了後，すぐに治療契約を結ぶ。

③ 構造化面接法を用いる。

④ 治療者・支援者側の情報も提示する。

⑤ 主訴について，家族などから情報の裏づけを得る。

A172 　④ ：国際生活機能分類（ICF）

① ICFは健康状態，生活機能，背景因子の３つの観点で構成されており，生活機能は心身機能・構造，活動，参加の３つの相互作用で表されている。

② 活動は「課題や行為の個人による遂行」と定義され，学習と知識の応用などを含むADLよりも広い概念である。

③ 生活機能に関わる背景因子は環境因子と個人因子の２つがある。

④ ICFの目的は，「"生きることの全体像"を示す"共通言語"」であり，（1）健康に関する状況，健康に影響する因子を深く理解する，（2）健康に関する共通言語の確立で，さまざまな関係者間のコミュニケーションを改善する，（3）国，専門分野，サービス分野，立場，時期などの違いを超えたデータを比較する，などの目的で用いられる。

⑤ 活動は「できる活動」を表す能力と，「している活動」を表す実行状況に分けられる。

A173 　⑤ ：エンパワメント

① 自己効力とは，ある状況において必要な行動をうまく遂行することができるという自分の可能性を認知していることである。

② ストレングスとは，人が本来もっている力や強さ，才能のことである。

③ 内発的動機づけとは，その行動をすること自体を目的として人にその行動を始発させ，あるいはその行動を維持させる動機づけである。

④ ノーマライゼーションとは，障害をもつ人ともたない人が平等に生活する社会を実現させようとする考え方である。

⑤ エンパワー（empower）とは「能力や権限を与える」という意味であり，エンパワメントはそのような能力や権限は与えられるものではなく，本来もっていて，それを発揮できるようにすることを意味している。

A174 　④ ：インテーク面接

① 主訴だけでなく，現病歴や生育歴・家族歴，来談歴，職業などについて幅広く尋ねる。

② 治療契約を結ぶか否かは来談者の自由意思であり，すぐに締結する必要はない。

③ たいていは半構造化面接法を用いる。

④ 治療者・支援者の経験や技法，想定される治療期間，費用などについての情報を提示する。

⑤ 来談したことを家族などに秘密にしている者もおり，また来談者自身がそのように認識していることが重要であるため，裏づけを得る必要はない。

基礎心理学

実験・研究

人体の構造／精神疾患

アセスメント／心理的支援

法律・制度

事例

Q175 .... □□□

インテーク面接について，正しいものを1つ選べ。

① ラポール形成よりも情報収集を優先する。

② 自分の専門領域外の相談であっても，自分のところに来談した以上，最後まで対応することを伝える。

③ 明らかに精神疾患が疑われる場合は，インテーク面接の時点で精神科などの医療機関を紹介することを検討する。

④ 治療方針や費用などについては伝えない。

⑤ 非言語的な情報よりも言語的な情報に着目する。

Q176 .... □□□

アセスメントとしての観察について，正しいものを1つ選べ。

① 事前に得た情報をもとに行動観察を行うことによって，別の注目すべき言動を見落とすことがある。

② 観察に不慣れな者が観察を行う際には，行動を幅広く観察するため，チェックリストなどは用いない方がよい。

③ H. S. Sullivanは客観的な観察技法として「関与しながらの観察」を提唱した。

④ 観察で得た情報は，面接で得られた情報や検査で得られた情報よりも，より真実を表しており，情報的な価値が高い。

⑤ 直接的観察を行うことで，見たいと思っている行動を確実に見ることができる。

Q177 .... □□□

アセスメントとしての観察について，正しいものを1つ選べ。

① 自然観察では，観察者が観察したいと思っている行動が必ずしも見られるとは限らず，生態学的妥当性は低い。

② H. S. Sullivanの「関与しながらの観察」では，観察者が自己を道具として利用することにより，客観的な観察が可能となる。

③ ワンウェイミラーを用いた観察は，アセスメントの際に必ず行わなければならない。

④ チェックリストを用いることで，観察者バイアスによる影響を抑制することができる。

⑤ 対象者が観察されていることを意識することで，平時よりも過剰に対象行動が出現したりすることのある現象を観察者効果と呼ぶ。

A175　③　：インテーク面接

① 情報収集も重要であるが，ラポールが形成されないと話してもらえないこともあるため，ラポール形成を優先する。

② 自分の専門領域外の相談の場合，十分な対応・支援が行えない可能性があることから，早期に他の専門家にリファーする可能性があることを伝える。

③ 明らかに精神疾患が疑われる場合は，インテーク面接の時点であっても，精神科などの医療機関を紹介することを検討した方が，来談者のためになる。

④ 治療方針や費用などについて伝えることで，来談者が来談を継続するか否かの意思決定を安心して行えるようになる。

⑤ 非言語的な情報も言語的情報と同程度に重要である。

A176　①　：アセスメントとしての観察

① これを観察者バイアスと呼ぶ。

② 不慣れな者の場合，確実に見るべきポイントを押さえておく必要があるため，チェックリストの使用は有用である。

③ Sullivanの提唱した「関与しながらの観察」は，観察者が対象者と交流・関与することにより，対象者をより理解できるとするものであるが，観察者の影響は排除できず，客観性も確固としたものであるとは言い難い。

④ 観察で得た情報も，他の方法で得た情報と同じくアセスメントのための情報のひとつであり，他の方法で得た情報よりも情報的価値が高いとはいえない。

⑤ カメラやワンウェイミラーなどを通さずに直接観察することを直接的観察と呼ぶが，必ず見たい行動が必ず見られるとは限らない。

A177　⑤　：アセスメントとしての観察

① 自然観察の生態学的妥当性は一般的に高い。

② 「関与しながらの観察」では観察者が対象者と交流・関与するため，観察者の影響を排除することはできず，客観的な方法であるとは言い難い。

③ ワンウェイミラーを用いた観察は必要に応じて行うべきであり，必ず行わなければならないものではない。

④ チェックリストを用いると，チェックリストにある行動のみに着目し，他の観察すべき行動を見落とす可能性があるため，観察者バイアスの影響を高める危険性がある。

⑤ 観察者が「いつも通り」と思っている行動であっても，観察者効果によって「いつも通り」ではない行動になっている可能性がある。

Q178 □□□

ケース・フォーミュレーションについて，正しいものを１つ選べ。

① 過去の生活史については考慮しない。

② クライエントが内省し，自身で構築するものである。

③ 一度定式化したものは修正しない。

④ クライエント中心療法における技法のひとつである。

⑤ 同じ診断名がついていても，つくられるモデルはクライエントごとに異なる。

Q179 □□□

知能検査について，正しいものを１つ選べ。

① 手指に不器用さがみられる場合，コース立方体組み合わせテストを実施するのは適当ではない。

② 日本版KABC-Ⅱはアメリカ版よりも対象年齢の下限が低い。

③ グッドイナフ人物画知能検査は，人物画に対する反応を評価する。

④ WPPSI-ⅢとWISC-Ⅳの対象年齢は一部重複しているが，WISC-ⅣとWAIS-Ⅳの対象年齢は重複していない。

⑤ WISC-Ⅳは高次脳機能障害の検査としても使用できる。

Q180 □□□

10歳5か月の児童に実施できる知能・発達検査として，正しいものを１つ選べ。

① デンバー式発達スクリーニング検査

② 新版K式発達検査2020

③ グッドイナフ人物画知能検査

④ WPPSI-Ⅲ

⑤ レーヴン色彩マトリックス検査

A178　⑤ ：ケース・フォーミュレーション

① 過去の生活史も考慮して，現在の問題を維持・発展させてきたプロセスを明らかにする。

② クライエントと援助者の共同作業のもとに行う。

③ 一度定式化したモデルであっても，クライエントや関係者の意見も考慮し修正することがある。

④ 認知行動療法で用いられているアセスメントの技法である。

⑤ 同じ診断名がついていても，生育歴や問題を維持・発展させている要因・プロセスなどが異なるため，同じモデルがつくられることはない。

A179　② ：知能検査

① コース立方体組み合わせテストは言語や手指の不器用さにかかわらず使用することができる。

② アメリカ版の適用年齢の下限は3歳0か月であるが，日本版の下限は2歳6か月である。

③ グッドイナフ人物画知能検査は，人物画を描かせる作業検査法である。

④ WPPSI-Ⅲは2歳6か月から7歳3か月，WISC-Ⅳは5歳から16歳11か月，WAIS-Ⅳは16歳から90歳11か月と，いずれも重複がみられる。

⑤ 高次脳機能障害の検査として用いることができるのはWAIS-Ⅳである。

A180　② ：知能・発達検査の適用年齢

① デンバー式発達スクリーニング検査の適用年齢は生後16日から6歳である。

② 新版K式発達検査2020の適用年齢は生後100日から成人であり，10歳5か月の児童にも適用できる。

③ グッドイナフ人物画知能検査の適用年齢は3歳から8歳6か月である。

④ WPPSI-Ⅲの適用年齢は2歳6か月から7歳3か月である。

⑤ レーヴン色彩マトリックス検査の適用年齢は45歳以上である。

Q181 □□□

田中ビネー知能検査Vについて，正しいものを1つ選べ。

① 全問題に合格できた年齢級を基底年齢と呼ぶ。

② 14歳以上では精神年齢は算出されない。

③ 適用年齢は1歳から成人である。

④ 算出される知能指数(IQ)は±5の範囲でとらえる。

⑤ 算出されるIQは偏差IQである。

Q182 □□□

田中ビネー知能検査Vについて，誤っているものを1つ選べ。

① 成人に対しても使用できる。

② 知能指数(IQ)は平均100，標準偏差16である。

③ 成人では精神年齢は算出されない。

④ 1歳級から13歳級までの年齢尺度と成人級の問題で構成されている。

⑤ 医科診療報酬はWISC-IVと同じである。

Q183 □□□

乳幼児を対象とした発達検査について，正しいものを1つ選べ。

① 遠城寺式乳幼児分析的発達検査の検査票は，適用年齢の上限に達するまで繰り返し使うことができる。

② 新版K式発達検査2020は発達の遅れについてのスクリーニングに用いることができる。

③ デンバー式発達スクリーニング検査は3つの領域で構成されている。

④ 津守式乳幼児精神発達診断法では，実施者が対象児の観察を通して評価する。

⑤ 日本版ミラー幼児発達スクリーニング検査には，運動領域に関する検査は含まれていない。

A181 　② ：田中ビネー知能検査V

① 全問題に合格できた年齢級の1つ上の年齢級が基底年齢である。

② 13歳までは知能指数を算出するが，14歳以上は精神年齢が算出されないため，知能指数も算出されない（代わりにDIQ〈偏差知能指数〉が算出できる）。

③ 適用年齢は2歳から成人である。

④ IQの範囲は±8である。

⑤ 算出されるIQは比率IQである。

A182 　⑤ ：田中ビネー知能検査V

① 適用年齢は2歳から成人までである。

② Wechsler式は平均100，標準偏差15であり，田中ビネー知能検査Vとは標準偏差が異なる。

③ 成人では精神年齢や知能指数は算出されず，「結晶性知能」「流動性知能」「記憶」「論理推理」という4領域ごとの評価点と領域別DIQ（偏差知能指数），総合DIQが算出される。

④ 適用年齢は2歳からであるが，年齢級は1歳級からある。

⑤ 田中ビネー知能検査Vは「操作が複雑なもの」（280点）であり，WISC-Ⅳは「操作と処理が極めて複雑なもの」（450点）である。

A183 　① ：乳幼児を対象とした発達検査

① 検査票を繰り返し使うことで，各領域での成長や支援などの効果測定を行うことができる。

② 新版K式発達検査2020は発達の全体像を把握するための検査であり，スクリーニングを行うことはできない。

③ デンバー式発達スクリーニング検査には，「個人─社会」「微細運動─適応」「言語」「粗大運動」の4領域がある。

④ 津守式乳幼児精神発達診断法では，養育者に対する質問を評価したり，養育者・保育者が直接回答したりすることによって，乳幼児の発達を評価する。

⑤ 日本版ミラー幼児発達スクリーニング検査には，「行動」「認知」「運動」の領域がある。

Q184 ··· □□□

新版K式発達検査2020について，正しいものを1つ選べ

① 生後100日から就学前までが対象である。

② 発達障害のスクリーニング検査である。

③ 「姿勢・運動」「認知・適応」「言語・社会」の3領域がある。

④ 保護者からの聞き取りによって項目内容が達成できているかを確認する。

⑤ 発達指数と知能指数が算出される。

Q185 ··· □□□

遠城寺式乳幼児分析的発達検査について，正しいものを1つ選べ。

① 発達障害の診断に使用される。

② 「運動」「社会性」「認知」の3領域がある。

③ 検査票以外の検査用具は使用しない。

④ 0か月から4歳7か月ころまでが適用年齢である。

⑤ それぞれの検査領域には3つの下位領域が設定されている。

Q186 ··· □□□

高次脳機能障害・認知症の評価に使用できる検査として，誤っているものを1つ選べ。

① BGT

② DASC-21

③ GHQ

④ レーヴン色彩マトリックス検査

⑤ WAIS-Ⅳ

A184　③　：新版K式発達検査2020

①　適用年齢は生後100日から成人までである。

②　スクリーニング検査ではない。

③　3歳以上では3領域のうち「認知・適応」「言語・社会」の2領域に重点を置く。

④　検査者が対象者の行動を観察して達成度を確認する。

⑤　発達年齢(DA)と発達指標(DQ)が算出される。

A185　④　：遠城寺式乳幼児分析的発達検査

①　脳性まひや知的障害の鑑別，発達障害の実態把握などに利用できるが，この検査だけで診断を下すことはできない。

②　「運動」「社会性」「言語」の3領域で構成されている。

③　販売されているのは検査票のみであり，ボールやコップなどの検査道具は検査者が準備をする。

④　生後0か月から4歳7か月ころまでが適用年齢である。

⑤　それぞれの検査領域には2つの下位検査が設定されている。

A186　③　：高次脳機能障害・認知症の評価

①　BGTはベンダー・ゲシュタルトテストの略であり，もともとは視覚・運動の発達の程度を把握する検査であるが，器質的脳損傷の評価や認知症の評価にも用いられている。

②　DASC-21は認知機能障害と生活障害を把握し，認知症の検出と重症度の評価をするアセスメントツールである。

③　GHQは精神健康調査票の略であり，精神的健康度を把握する検査であるが，高次脳機能障害・認知症の評価には使用できない。

④　レーヴン色彩マトリックス検査は失語症や認知症の検査として広く用いられている。

⑤　WAIS-Ⅳは，Wechsler式知能検査の成人用であるが，外傷性脳損傷や認知症などを評価する際にも使用されている。

Q187 □□□

神経心理学的検査について，正しいものを1つ選べ。

① RBMTでは点数が低いほど記憶障害が重くなる。

② COGNISTATは4つの年齢群について標準化されている。

③ BGTは簡単な記号やイラストを模写する検査である。

④ WMS-Rは下位検査すべてを実施しても10分程度で行える。

⑤ WCSTは記憶の再生に関する検査である。

Q188 □□□

MMSE-J（精神状態短時間検査改訂日本版）について，正しいものを1つ選べ。

① 検査の実施順は決められていない。

② 20点以下で認知症を疑う。

③ 記憶を中心とした認知機能を評価する。

④ 軽度認知障害の疑いについても把握できる。

⑤ MMSE-Jは改訂長谷川式簡易知能評価スケール(HDS-R)よりも先に開発された。

Q189 □□□

改訂長谷川式簡易知能評価スケール(HDS-R)について，正しいものを1つ選べ。

① 11の検査で構成されている。

② 計算課題では，1桁の数字と1桁の数字の足し算への解答を求める。

③ 18点以下で認知症を疑う。

④ 点数の低さによって重症度の分類を行う。

⑤ 年齢は2歳までは誤差として扱う。

A187　①　：神経心理学的検査

① RBMTでは，9点以下で重度記憶障害，16点以下で中等度記憶障害，21点以下でボーダーラインとなる。

② COGNISTATは20歳台から87歳までを6つの年齢群に分けて標準化している。

③ BGTは9つの幾何学図形を模写する作業検査である。

④ WMS-Rは下位検査をすべて実施すると120分程度かかる。

⑤ WCSTはカードを分類する作業を通して遂行機能を評価する検査である。

A188　④　：MMSE-J

① 検査の実施順はマニュアルで決められている。

② 23点以下で認知症を疑う。

③ 書字，描画など作動性に関する検査もある。

④ 27点以下で軽度認知障害を疑う。

⑤ HDSは1974年に開発され，1991年に改訂されたのに対し，MMSE-Jは2006年に開発された（2019年1月に改訂された）。

A189　⑤　：改訂長谷川式簡易知能評価スケール（HDS-R）

① HDS-Rは9つの検査で構成されている。

② 計算課題は100から7ずつ引いていく課題である。

③ 20点以下で認知症を疑う。

④ HDS-Rでは重症度の評価・分類はできない。

⑤ 80歳の人が78歳や82歳と回答しても正答として扱う。

Q190 ·· □□□

知的な遅れはないが，衝動性が強く，注意散漫もみられる5歳男児に対して実施する検査として，正しいものを1つ選べ。

① Conners 3
② 田中ビネー知能検査V
③ AQ-J
④ CAARS
⑤ ADHD-RS

Q191 ·· □□□

知的な遅れはないが，他者とのコミュニケーションや急な予定の変更への対応において困難を示す成人に実施する検査として，正しいものを1つ選べ。

① M-CHAT
② BDI-Ⅱ
③ Conners 3
④ LDI-R
⑤ ADOS-2

Q192 ·· □□□

自閉スペクトラム症(ASD)に関する検査について，誤っているものを1つ選べ。

① SCQは「誕生から今まで」と「現在」の2種類の検査用紙で構成されている。
② CARS2はASDの重症度を測定することができる。
③ AQ-Jでは33点を超えるとASDの診断がつく可能性が高いと判断する。
④ ADI-Rでは保護者との面接と子どもの観察を合わせて評価する。
⑤ PARS-TRは成人にも適用できる面接形式の検査である。

A190　⑤　：注意欠如・多動症（AD/HD）のアセスメント

① Conners 3は当事者用が8歳から18歳，養育者・教師用が6歳から18歳であり，年齢的に適用できない。

② 知的な遅れがみられていないため，知能検査を実施する積極的な理由はない。

③ AQ-J（自閉症スペクトラム指数）は自閉スペクトラム症（ASD）に関する検査であり，AD/HDには使用しない。

④ CAARSは18歳以上を対象としたAD/HDの重症度を測定する記入式の検査である。

⑤ ADHD-RSは5歳から18歳の当事者の養育者または教師が記入する検査であり，年齢上適用できる。

A191　⑤　：自閉スペクトラム症（ASD）のアセスメント

① M-CHATは16～30か月の乳幼児を対象としたASDのスクリーニング検査であり，成人には使用できない。

② BDI-Ⅱはベック抑うつ質問票のことであり，ASDのアセスメントには使用できない。

③ Conners 3はAD/HDのアセスメントツールであり，ASDには適用できない。

④ LDI-Rは学習障害（LD）の判断のための質問票のことであり，ASDには適用できない。

⑤ ADOS-2はASDについて半構造化面接と観察による評価を行うツールであり，適用年齢は月齢12か月以上であるため，成人にも使用することができる。

A192　④　：自閉スペクトラム症（ASD）に関する心理検査

① SCQ（Social Communication Questionnaire）は「誕生から今まで」と「現在」の2種類の検査用紙があり，対象児の保護者が回答する検査である。

② CARS2はASDの重症度を測定でき，軽度～中度のASDと，中度～重度のASDを鑑別するのに有効であることが示されている。

③ AQ-Jは50点満点で，26点以下はASDの傾向なし，27～32点はASDの傾向はある程度あるが，日常生活に支障はない，33点以上はASDの診断がつく可能性があり，日常生活にも支障があると判断する。

④ ADI-Rは対象となる子どもの保護者への面接形式の検査であり，子どもを観察したり，面接時に子どもを同席させたりはしない。

⑤ PARS-TRは3歳以上を対象とした面接形式の検査であり，成人にも適用できる。

Q193 □□□

統合失調症の症状を測定する尺度として，正しいものを1つ選べ。

① RBMT

② PANSS

③ Y-BOCS

④ EPDS

⑤ ASRM

Q194 □□□

ある日通勤中の電車内で急なめまいや吐き気におそわれ下車した経験のある女性は，それ以来，まためまいなどが起こるのではないかという強い不安をもち，電車に乗ることに困難を感じている。この女性に実施する検査として，適切なものを1つ選べ。

① IES-R

② BVRT

③ Vineland-Ⅱ

④ PDSS

⑤ MAS

Q195 □□□

抑うつのアセスメントについて，正しいものを1つ選べ。

① SDSでは46点以上で重度と評価する。

② HAM-Dは睡眠の評価に重点が置かれている。

③ BDI-Ⅱは最近の1週間の状態について尋ねる。

④ CES-Dは20点以上を高得点としてうつ病を疑う。

⑤ DSRS-Cは小・中学生には有用であるが，高校生には適用できない。

A193　②　：統合失調症のアセスメント

① RBMTはリバーミード行動記憶検査の略称であり，記憶障害の評価に使用される。

② PANSSは陽性・陰性症状評価尺度であり，統合失調症の症状を把握できる。

③ Y-BOCSはエール・ブラウン強迫観念・強迫行為尺度の略称である。

④ EPDSはエジンバラ産後うつ病質問票の略称である。

⑤ ASRMはアルトマン自己評価躁病尺度の略称である。

A194　④　：パニック症のアセスメント

① IES-Rは改訂出来事インパクト尺度の略称であり，心的外傷後ストレス障害（PTSD）のアセスメントツールである。

② BVRTはベントン視覚記銘検査の略称であり，視空間認知や視覚記銘力などに関する高次脳機能検査である。

③ Vineland-Ⅱは，4つの適応行動領域と1つの不適応行動領域から適応状態を把握する適応行動尺度である。

④ PDSSはパニック障害重症度評価尺度の略称であり，7項目からパニック症の重症度を評価する検査である。

⑤ MASは顕在性不安尺度の略称であり，個人特性である特性不安を測定する。

A195　②　：抑うつのアセスメント

① SDSでは56点以上で重度と判断する。

② HAM-Dは睡眠の評価に重点が置かれているため，睡眠が改善すると点数が下がる。

③ BDIでは「最近1週間」について尋ねていたが，BDI-Ⅱからは「今日を含めて2週間」に変更された。

④ CES-Dでは16点をカットオフ値とし，16点以上であるとうつ病を疑う。

⑤ DSRS-Cは小・中学生用であるが，高校生にも適用できることが示されている。

Q196 ·· □□□

H. J. Eysenckのパーソナリティ理論をもとに開発されたパーソナリティ検査として，正しいものを1つ選べ。

① 16PF人格検査
② NEO-PI-R
③ MMPI
④ TEG-3
⑤ MPI

Q197 ·· □□□

パーソナリティ検査について，正しいものを1つ選べ。

① P-Fスタディでは，欲求阻害場面，自我阻害場面，超自我阻害場面という3つの場面が設定されている。
② TEG-3には妥当性尺度は含まれていない。
③ MMPIの妥当性尺度はMPIを参考に作成された。
④ FFPQは交流分析をもとに作成されたパーソナリティ検査である。
⑤ TATでは，使用する図版の枚数や呈示する順番は決められていない。

Q198 ·· □□□

パーソナリティ検査について，正しいものを1つ選べ。

① EPPS性格検査は，2つの文章のうちどちらかを選ばせる強制選択法が用いられている。
② 16PF人格検査の対象年齢は10歳以上である。
③ NEO-PI-Rの各人格次元にはそれぞれ3つの下位次元がある。
④ バウムテストは通常学級への就学の適否を判断するために開発された。
⑤ YG性格検査におけるC型は反社会的行動など社会的な不適応を示しやすいタイプである。

A196　⑤　：パーソナリティ検査

① 16PF人格検査は，R. B. Cattellの16因子（根源的特性）理論に基づいて開発された検査である。

② NEO-PI-Rは，ビッグ・ファイブ・モデルをもとに開発された検査である。

③ MMPIはS. R. HathawayとJ. C. McKinleyによって開発された検査で，臨床群と健常群の比較によって項目が選定されている。

④ TEG-3は，E. Berneの交流分析に基づいて開発された検査である。

⑤ MPIは，Eysenckのパーソナリティ理論に基づいて開発された検査であり，外向性尺度（E尺度）と神経症的傾向尺度（N尺度），妥当性尺度である虚偽発見尺度（L尺度）の，合わせて80項目で構成されている。

A197　⑤　：パーソナリティ検査

① P-Fスタディは，自我阻害場面16場面と超自我阻害場面8場面の24場面で構成されている。

② TEG-3には3項目の妥当性尺度が含まれている。

③ MPIの妥当性尺度はMMPIのL尺度を参考に作成されている。

④ FFPQはビッグ・ファイブ・モデルをもとに辻（1998）※が作成したものである。

⑤ TAT（主題統覚検査）で用いる図版やその枚数，呈示順は対象者の様子などをもとに実施者が決める。

※ 辻平治郎（編）（1998）．5因子性格検査の理論と実際―こころをはかる5つのものさし―　北大路書房

A198　①　：パーソナリティ検査

① EPPS性格検査はA. L. Edwardsによって考案された検査で，人の基本的な欲求のもと15の性格特性を把握できる。

② 16PF人格検査の対象年齢は16歳以上である。

③ NEO-PI-Rは5つの人格次元（下位尺度）にそれぞれ6つの下位次元がある。

④ バウムテストは当初，職業適性検査として用いられていたものを，K. Kochが心理検査として開発した。

⑤ YG性格検査のC型は安定適応消極型と呼ばれ，情緒的に安定し，社会的にも適応しているが，消極的でおとなしいタイプである（反社会的行動を示すのはB型〈不安定不適応積極型〉である）。

基礎心理学

実験・研究

人体の構造／精神疾患

アセスメント／心理的支援

法律・制度

事例

Q199 ·· □□□

MMPIについて，正しいものを1つ選べ。

① 12種の臨床尺度がある。

② H. J. Eysenckが作成した。

③ L尺度が8を超えると確実に信頼性がない回答であると判断できる。

④ 対象は12歳以上である。

⑤ F尺度が17以下であった場合，回答は適切に行われたと推測する。

Q200 ·· □□□

YG性格検査について，正しいものを1つ選べ。

① 中学生・高校生用と一般用では項目数が異なる。

② 10の性格特性について測定する。

③ 項目は臨床群と健常群との間で有意差がみられたものが選定されている。

④ 検査用紙を繰り返し使用することで，パーソナリティの変化を把握することができる。

⑤ プロフィールをもとに5つの型に分類する。

Q201 ·· □□□

内田クレペリン精神検査について，正しいものを1つ選べ。

① 作業量級段階はA段階からD段階までの4段階である。

② 定型曲線からずれているほど非定型曲線に近づく。

③ E. Kraepelinが海外で開発した検査を内田勇三郎が日本で実施できるように改訂した。

④ 統合失調症の判定に用いられている。

⑤ 能力面の特徴と性格・行動面の特徴を把握することができる。

A199 ⑤ ：MMPI

① 臨床尺度は10種である。

② S. R. Hathaway と J. C. McKinley が開発した。

③ 8以上は自分を望ましい姿に見せようとする傾向がうかがわれ，11以上になると確実に信頼性がない回答と判断される。

④ 対象年齢は15歳から成人までである。

⑤ 17以下であれば協力的で適切に回答が行われたと判断し，18以上は不注意や理解不足，協力不足であり，30～40であればでたらめに回答されたことを表し，40以上であれば「そう」「ちがう」を反対に回答した可能性が指摘される。

A200 ⑤ ：YG性格検査

① 小学生用が96問，中学生・高校生用と一般用は120問で構成されている。

② 12の性格特性について測定する。

③ J. P. Guilford の因子分析を用いた性格研究に基づいて作成されたSTDCR因子性格検査，GAMIN因子性格検査，I因子性格検査という3つの性格検査から項目を抜粋して，矢田部達郎が旧YG性格検査（156項目版）を作成し，1975年に辻岡美延が現在のYG性格検査を作成した。

④ 検査用紙を繰り返し使用することはできない。

⑤ A型からE型の5つのタイプに分けることができる。

A201 ⑤ ：内田クレペリン精神検査

① 作業量級段階は④段階からD段階の5段階に分けられる。

② 定型曲線と非定型曲線の基準が異なるため，定型曲線からずれているからといって非定型曲線に近づくわけではない。

③ 内田勇三郎が Kraepelin の連続加算法に関する研究を参考に作成した日本独自の心理検査である。

④ 内田勇三郎が精神病理の研究から開発した検査であるが，現在は統合失調症の判定などに用いることはない。

⑤ 作業量から能力面の特徴を把握し，作業曲線や誤答から性格・行動面の特徴を把握することができる。

基礎心理学

実験・研究

人体の構造／精神疾患

アセスメント／心理的支援

法律・制度

事例

Q202 □□□

投影法について，正しいものを1つ選べ。

① ロールシャッハテストでは，図版の呈示順は実施者が決定する。

② P-Fスタディでは，図版に描かれている人物が自分だったらどう答えるかを考えるように求める。

③ バウムテストはK. Kochの空間表象図を用いて解釈する。

④ TATはH. A. Murrayの欲求＝圧力理論を基盤にしている。

⑤ 精研式文章完成法（SCT）では，内容分析，量的分析，形式分析の3つの分析的観点がある。

Q203 □□□

精神分析の理論について，正しいものを1つ選べ。

① 意識と無意識は相補的関係にあると仮定している。

② 夢は自分自身の実際の姿を描いたものであるとされた。

③ 錯誤行為は，妨害する意図が自我を抑圧した際に生じるものである。

④ 発達段階ごとに顕著にみられる防衛機制が指摘されている。

⑤ 分析の過程で生じる転移によって生じる感情をひたすらに取り払おうとする作業を，徹底操作と呼ぶ。

Q204 □□□

精神分析／精神力動理論について，正しいものを1つ選べ。

① ある発達段階にイドが固着することで，特定のパーソナリティ傾向が引き起こされる。

② S. Freudは5つの発達段階で構成される心理社会的発達理論を提唱した。

③ 寝椅子に横たわり思い浮かんだことをそのまま言葉にする内観法が用いられる。

④ 夢は潜在思考が検閲を通過するために加工・歪曲されて表出されたものである。

⑤ 逆転移は患者を理解するうえで重要な材料であるため，治療者は積極的に逆転移を引き起こすことが求められる。

A202　④　：投影法

① ロールシャッハテストでは，図版の呈示順は決められている。

② P-Fスタディでは，図版に描かれている人物はどのように答えるかについて尋ねる。

③ 空間表象図を作成したのはM. Grünwaldであり，また実際には，空間表象図だけでなく，サイズや筆圧，影などの形式分析や，木の種類，枝や葉の描き方などから総合的に解釈をする。

④ H. A. Murrayはパーソナリティを欲求と圧力の相互作用でとらえる欲求＝圧力理論を提唱し，TATはその理論を基盤として開発された。

⑤ 精研式SCTでは，内容分析と形式分析という2つの分析的観点がある。

A203　④　：精神分析

① 意識と無意識を相補的な関係としてとらえたのは，C. G. Jungである。

② これはJungの夢の考え方・とらえ方である。

③ 錯誤行為は，妨害する意図と妨害される意図が葛藤した結果生じるものである。

④ 口唇期では取り入れなど，肛門期では反動形成などがみられ，これがパーソナリティ形成につながると考えられた。

⑤ 徹底操作とは，これまでのパターンに対する固執（反復強迫）や変化に伴って生じる痛みや苦しみに徹底的に取り組むことである。

A204　④　：精神分析/精神力動理論

① 固着するのはリビドーである。

② S. Freudが提唱したのは口唇期，肛門期，男根期，潜伏期，性器期の5段階からなる心理性的発達理論である。

③ 内観法ではなく，自由連想法である。

④ これを「夢の作業」と呼ぶ。

⑤ 逆転移は患者を理解するうえで有用であるが，あえて引き起こすことを求めるようなものではない。

Q205 ·· □□□

防衛機制の合理化の例として，正しいものを1つ選べ。

① 欲しいと思っていたおもちゃを買ってもらえなかったので，「そんなに面白そうなおもちゃじゃなかった」と考える。

② 自分が苦手としている相手について，「あの人は自分のことを苦手だと思っている」と感じる。

③ 母親に甘えたいが，素直に甘えることができず，「かまわないで。ほうっておいて」と突き放す発言をする。

④ 行きたくないと思っているゼミでの合宿の予約を頼まれていたが，忘れてしまった。

⑤ 恋人に振られたのを機に，仕事に励むようになる。

Q206 ·· □□□

S. Freud以降の精神力動論について，正しいものを1つ選べ。

① S. Ferencziは古典的な精神分析技法を修正し，積極技法を提案した。

② K. Horneyは自我の働きに着目した理論を展開した。

③ A. Freudは統合失調症患者に対する精神分析をもとに防衛機制を整理した。

④ M. Kleinは妄想分裂ポジションが適切に統合されないと，気分障害の訴因になると指摘した。

⑤ H. S. Sullivanは母子関係のなかで，ひとりでいられる能力が獲得されていくことの重要性を説いた。

Q207 ·· □□□

S. Freud以降の精神力動論について，正しいものを1つ選べ。

① A. AdlerはS. Freudのリビドー論を引き継いだ個人心理学を提唱した。

② A. Freudは，子どもの遊びは無意識的内容の象徴的表れであり，解釈できると考えた。

③ C. G. Jungは元型を意識化する手段として箱庭療法を開発した。

④ D. W. Winnicottは1〜3歳の子が肌身離さず持っている毛布のような愛着対象を移行対象と呼んだ。

⑤ 古澤平作は父子関係をテーマとした阿闍世コンプレックスを提唱した。

A205　①　：防衛機制

① 自分のとった行動を正当化するために論理的な説明をすることである。
② 投影である。
③ 反動形成である。
④ 抑圧である。
⑤ 昇華である。

A206　①　：S. Freud 以降の精神力動論

① Ferenczi は積極技法を提案したのち，まったく反対の弛緩技法を生み出した。
② Horney は社会・文化的な背景を重視したネオ・フロイト派の主要人物である。
③ A. Freud は発達的な視点から防衛機制を整理した。
④ 妄想分裂ポジションが適切に統合されないと，統合失調症の訴因になるとされた。
⑤ ひとりでいられる能力を提唱したのは，D. W. Winnicott である。

A207　④　：S. Freud 以降の精神力動論

① Adler は S. Freud の理論を否定し，劣等感，共同体感覚，勇気づけなどを中心概念とする独自の理論体系である個人心理学を提唱した。
② A. Freud は，子どもの遊びは大人の自由連想の代替とはならず，解釈することもできないとした。
③ 箱庭療法は M. Lowenfeld が子ども向けの心理療法として開発したものを，D. Kalff が Jung の分析心理学の考えを導入して大人にも適用したものであり，Jung が開発したものではなく，元型を意識化するために行うものでもない。
④ 毛布やタオル，ぬいぐるみなどが移行対象になりやすく，親などの愛着対象からの分離に伴う不安などを軽減する効果がある。
⑤ 阿闍世コンプレックスのテーマは母子関係である。

Q208 □□□

クライエント中心療法について，正しいものを１つ選べ。

① 疾患ごとの治療効果の検証が積極的に行われている。

② 治療の最終目標は個性化することである。

③ 人（有機体）は実現傾向を有していると仮定する。

④ 治療的パーソナリティ変容の必要十分条件を３つあげている。

⑤ 自己概念のうち体験と一致していない部分を「否認」と呼ぶ。

Q209 □□□

クライエント中心療法／パーソンセンタードアプローチについて，正しいものを１つ選べ。

① C. R. Rogersはソーシャル・スキルズ・トレーニング（SST）を参考に，エンカウンターグループを開発した。

② 純粋性とは，セラピストがクライエントとの話をありのまま素直に受け入れることができる状態のことである。

③ C. R. Rogersは，個人には成長する潜在的な力があり，それを引き出すための指示的な支援が有効であると考えた。

④ V. M. Axlineは遊戯療法においてクライエントが守るべき８つの原則を提唱した。

⑤ セラピストにはクライエントの内的参照枠を共感的に理解することが求められる。

Q210 □□□

行動療法・認知行動療法について，正しいものを１つ選べ。

① A. T. Beckの認知療法では，介入技法として論駁を用いる。

② マインドフルネス認知療法は統合失調症の治療を目的に開発された。

③ 系統的脱感作法は三項随伴性の分析に基づいて行われる。

④ 曝露反応妨害法はパニック症の治療で用いられる技法である。

⑤ タイムアウト法は負の弱化によって行動変容を目指す方法である。

A208　③ ：クライエント中心療法

① 疾患ごとの治療効果の検証は，それほど多く行われているとはいえない。
② 治療の最終目標は「十分に機能する人間」になることである。
③ セラピストとクライエントの適切な関係のなかで，実現傾向が十分に発揮され，「十分に機能する人間」になれるとされている。
④ 必要十分条件は6つであり，そのうちの3つ（自己一致，無条件の積極的関与，共感的理解）は中核三条件と呼ばれ，セラピストが備えているべき資質である。
⑤ 自己概念のうち体験と一致していない部分は「歪曲」である。

A209　⑤ ：クライエント中心療法/パーソンセンタードアプローチ

① RogersはK. Lewinの感受性訓練（Tグループ）を参考に，エンカウンターグループを開発した。
② 純粋性とは，セラピストがクライエントとの関係において一致している状態のことである。
③ Rogersは指示的な支援ではなく，非指示的な支援が必要であると考えた。
④ Axlineの遊戯療法の8原則は，遊戯療法を行ううえでの治療者の姿勢が示されている。
⑤ 「あたかも……のように」聞くことで，クライエントが世界を眺めているままに，セラピストもその世界を知覚することができる。

A210　⑤ ：行動療法・認知行動療法

① 認知療法の介入技法としては，非機能的思考記録表やソクラテス式質問法などがある。
② マインドフルネス認知療法はうつ病の再発予防のために開発された。
③ 系統的脱感作法はJ. Wolpeの逆制止の理論に基づいて開発された。
④ 曝露反応妨害法は強迫症の治療に用いられる技法である。
⑤ タイムアウト法は，不適切な行動を行うと，一定時間報酬を得られないようにすることで，不適切な行動を抑えようとする技法である。

Q211 □□□

行動療法・認知行動療法について，正しいものを1つ選べ。

① シェイピング法は古典的条件づけを応用した方法である。

② 論理情動行動療法では，セルフモニタリングを通して，自動思考を生じさせるスキーマの再構成を目指す。

③ 系統的脱感作法では，不安階層表を用いて，不安強度の弱い場面から徐々に強い場面でも脱感作ができるようにしていく。

④ トークンエコノミー法で用いられる代理貨幣（トークン）はバックアップ強化子と呼ばれる。

⑤ アクセプタンス＆コミットメントセラピーでは，4つの行動的プロセスを仮定している。

Q212 □□□

ゲシュタルト療法においてクライエントが座る椅子を表す用語として，正しいものを1つ選べ。

① ジョイニング

② エンプティ・チェア

③ ウェルフォームド・ゴール

④ コンプリメント

⑤ ホット・シート

Q213 □□□

フェルトセンスの説明として，正しいものを1つ選べ。

① 「いま，ここに生きる人間」としての実感。

② 自分と他者の間で同じ感情をもったり，分け合えた感覚。

③ 特定の問題や状況についての意味を含んだあいまいな身体感覚。

④ 自分の不快な感情や経験についてこだわる傾向。

⑤ 物事に集中し，あっという間に時間が過ぎていったように感じる状態。

A211　③ ：行動療法・認知行動療法

① シェイピング法はオペラント条件づけを理論基盤とした応用行動分析の技法のひとつである。

② 論理情動行動療法では，非合理な信念を論破・論駁することで合理的な信念に変えることを目指す。

③ 系統的脱感作法は，徐々に不安強度の強い場面に適用していき，目標とする場面で不安を感じないようにすることを目的とする。

④ 代理貨幣(トークン)と交換することができる報酬のことをバックアップ強化子と呼ぶ。

⑤ アクセプタンス＆コミットメントセラピーでは，「アクセプタンス」「脱フュージョン」「文脈としての自己」「コミットした行為」「価値の明確化」「プロセスとしての自己」という6つの行動的プロセスを仮定している。

A212　⑤ ：ゲシュタルト療法

① ジョイニングはS. Minuchinの構造的家族療法において，その家族が用いる言動を真似ることで，家族システムに参入する技法である。

② エンプティ・チェアは，ゲシュタルト療法においてクライエントの椅子の前に置かれる空の椅子のことであり，イメージした他者などを座らせて対話を行う。

③ ウェルフォームド・ゴールとは，ブリーフセラピー(解決志向アプローチ)において十分に練られた目標を意味する用語である。

④ コンプリメントとは，ブリーフセラピー(解決志向アプローチ)において，「褒める」「労う」ことを意味する用語である。

⑤ 他者から注目される緊張やワークを行うことで興奮して熱くなることから，ホット・シートと名づけられた。

A213　③ ：フォーカシング指向心理療法

① ゲシュタルト療法のF. S. Perlsが目指した健康なパーソナリティを表す表現である。

② 共感のことである。

③ フェルトセンスはフォーカシング指向心理療法の中心的な概念である。

④ 森田療法におけるヒポコンドリー性基調の説明である。

⑤ ポジティブ心理学におけるフロー(flow)の説明である。

Q214 ☐☐☐

日本発祥の心理療法について，正しいものを１つ選べ。

① 内観療法では，「してもらったこと」「して返したこと」「迷惑をかけたこと」について内観を行うことが求められる。

② 入院による森田療法は，大きく５つの段階に分けて進められる。

③ 集中内観を行うときの姿勢は問わない。

④ 臨床動作法における動作とは，意図―運動―効果の全プロセスを指す。

⑤ 森田療法では不安や恐怖を排除し，生の欲動をあるがままに受け入れることを目指す。

Q215 ☐☐☐

森田療法について，正しいものを１つ選べ。

① 感情と注意との悪循環であるヒポコンドリー性基調に着目する。

② 絶対臥褥期では，１日の最後にその日考えたことを治療者に報告する。

③ 入院治療の第４期では，散歩など目的をもたない外出を行う。

④ 森田神経症とは，主に不安症に該当する疾患である。

⑤ あるがままは，浄土真宗の「身調べ」に由来する。

Q216 ☐☐☐

家族療法について，正しいものを１つ選べ。

① 戦略的家族療法では，家族構成員がこれまでとはまったく異なる行動をとることで，新しい関係性の構築を目指す。

② 構造的家族療法では，家族の再構造化を目指すために，ジェノグラムと呼ばれる技法を用いる。

③ 家族内の問題を生じさせている原因として考えられる家族構成員をIPと呼ぶ。

④ MRI家族療法では，家族内の問題行動をセラピストが演じることで，家族構成員に問題行動を自覚させる。

⑤ 家族システム理論では，構成員・システム同士が相互に影響を及ぼし合う円環的因果律を想定している。

A214　①　：日本発祥の心理療法

① これを内観3項目と呼ぶ。

② 入院による森田療法は，絶対臥褥期，軽作業期，作業期，社会復帰期の4段階で進む。

③ 集中内観を行う際は，楽な姿勢で座っていることが求められ，横になる（臥褥する）ことは認められない。

④ 臨床動作法における動作とは，意図―努力―身体運動の全プロセスのことである。

⑤ 森田療法では，不安や恐怖をあるがままに受け入れることで，とらわれから脱することを目指す。

A215　④　：森田療法

① 感情と注意の悪循環は精神交互作用と呼ばれる。

② 考えたことを報告することは特に求められない。

③ 入院治療の第4期である社会復帰期では，買い物や通勤・通学など用事のある外出を行う。

④ 森田神経症は現在の社交不安症，パニック症，広場恐怖症，全般性不安症，強迫症などに該当する。

⑤ 「身調べ」に由来するのは内観療法の内観である。

A216　⑤　：家族療法

① 戦略的家族療法では，家族構成員の行動や家族内での出来事を異なる視点・文脈から再定義するリフレーミングという技法が用いられる。

② 構造的家族療法において，家族の再構造化を目指すために用いられる技法はジョイニングと呼ばれる。

③ IPとは家族のなかで「患者の役割を担う者」を意味するものであり，必ずしも問題の原因となっている者ではない。

④ MRI家族療法では，悪循環の維持に関わる問題行動を維持・強化するように指示する逆説的指示という技法が用いられる。

⑤ 円環的因果律を想定することにより，個人ではなく，家族全体を治療の対象として扱うことができる。

問題

Q217 ··· □□□

家族システム論及び家族療法について，正しいものを1つ選べ。

① 二重拘束仮説では，家族内で何らかの変化が生じたときに，元の状態に戻そうとする心理的・行動的動きがみられるとしている。

② 構造的家族療法において，面接場面で，実際の家庭生活でのコミュニケーションパターンを実演してもらう技法をエナクトメントと呼ぶ。

③ 家族システム論では，上位システムが下位システムに影響を及ぼす直線的因果律を想定している。

④ 家族療法におけるクライエントは，家族内で生じている問題の原因と考えられている家族成員である。

⑤ 多世代理論で用いられる，家族内での出来事や家族の関係性についてこれまでとは異なる視点で定義をし直す介入方法をリフレーミングと呼ぶ。

Q218 ··· □□□

親支援の方法及びプログラムについて，誤っているものを1つ選べ。

① CAREは，親子相互交流療法に基づいて開発された大人に対する心理教育的介入プログラムである。

② トリプルPでは家庭や学校，地域で子どもの問題が発生する前に予防することを目的としている。

③ コモンセンス・ペアレンティングは，暴力や暴言を使わずに子どもを育てる技術を親に伝えることを目指している。

④ MY TREE ペアレンツ・プログラムは，虐待された子の全体性を回復することを目的とした親子参加型のプログラムである。

⑤ Nobody's Perfect プログラムは就学前の子をもつ親を対象に，親としての力と自信を高めるプログラムである。

A217　②：家族療法

① D. D. Jackson が提唱した家族ホメオスタシスの説明である。

② 構造的家族療法はS. Minuchin が提唱したものである。

③ 家族システム論では円環的因果律を想定している。

④ 家族療法のクライエントは，家族である。

⑤ リフレーミングは，J. Haley の戦略的家族療法で用いられる技法である。

A218　④：親支援の方法及びプログラム

① CARE(Child-Adult Relationship Enhancement：子どもと大人の絆を深める プログラム)は，S. Eyberg が考案・開発した親子相互交流療法（Parent-Child Interaction Therapy; PCIT)に基づいている。

② トリプルP(Positive Parenting Program：前向き子育てプログラム)は幼児か ら10歳台までの子どもの行動・情緒問題の予防と治療を目的としており，問題 発生の事前予防をゴールとしている。

③ コモンセンス・ペアレンティング(CSP)は，被虐待児の保護者支援のペアレン トトレーニングのプログラムである。

④ MY TREE ペアレンツ・プログラムは，森田ゆりによって開発された，虐待し た親の全体性の回復をエンパワメントするプログラムである。

⑤ Nobody's Perfectプログラムは，就学前の子をもつ親が10人ほどのグループ で，互いの経験やアイディアを交換したり，子どもや子育ての基本的な知識を学 ぶことを通して，親としての力や自信を高めていくプログラムである。

Q219 ── □□□

遊戯療法について，正しいものを1つ選べ。

① D. W. Winnicottは，子どもにとって「遊ぶこと」は治療上重要となるが，大人においては意味をなさないと論じた。

② 遊戯療法を行う際には，いかなる制限も設けてはならない。

③ M. Kleinは，子どもの遊びは大人の自由連想に相当し，解釈も可能であると指摘した。

④ V. M. Axlineは精神分析の立場から，遊戯療法における治療者の姿勢を示した8原則を提唱した。

⑤ A. Freudは子どもの治療における親の協力に着目し，子どもと親が一緒に遊ぶことで治療効果が高まるとした。

Q220 ── □□□

心理療法について，正しいものを1つ選べ。

① クライエント・患者の文化的価値観を考慮する必要はない。

② メタ分析では，各心理療法固有の技法の違いが最も治療効果に影響を及ぼしていることが示されている。

③ カウンセラー・治療者とクライエント・患者が，怒りや敵意などの感情を互いに増幅させることを逆転移と呼ぶ。

④ A. A. Lazarusはクライエント・患者の熟慮の程度によって適用する技法を変えていくことを提唱している。

⑤ エビデンスベイスト・アプローチは，実証的なエビデンスだけでなく，クライエント・患者の意向・特性や支援者の経験なども考慮した支援の考え方である。

Q221 ── □□□

心理療法及び心理支援について，正しいものを1つ選べ。

① クライエントの熟慮の程度や問題を抱えている領域によって，支援・介入法を柔軟に変えていくことが望ましい。

② リアクタンスの強いクライエントに対しては指示的心理療法が有効である。

③ 心理療法の治療効果に最も影響を及ぼしているのは，共感や受容性のような治療関係要因である。

④ エビデンスベイスト・アプローチの観点から，実証的な効果が示されていない技法・支援法は用いるべきではない。

⑤ 負の相補性は治療・支援過程で必ず生じるものであり，治療・支援を有効に進めていくうえで不可欠な過程である。

A219 ③ ：遊戯療法

① Winnicottは子どもだけでなく，大人にとっても遊ぶことは治療上重要なポイントになるとした。

② 実施時間の遵守やカウンセラーへの身体的攻撃，備品への物理的攻撃・破壊の禁止など一定の制限を与えることで，安心できる場が提供できる。

③ Kleinは，子どもにとって遊びは無意識の象徴であり，解釈可能であると考えた。

④ AxlineはC. R. Rogersのもとで学び，クライエント中心療法の立場から非指示的遊戯療法を実施した。

⑤ A. Freudは母子並行面接（子は遊戯療法，母は精神分析）を行った。

A220 ⑤ ：心理療法

① クライエント・患者の文化的価値観を考慮して治療・支援法を決定することは，失敗や中断の可能性を低減させる。

② M. Lambertのメタ分析では，治療外要因が最も治療の効果に関わっていた。

③ 負の相補性の説明である。

④ Lazarusは，どこに問題が生じているか（問題のモード）によって適用する技法を変えるマルチモード・アプローチを提唱している。

⑤ エビデンスベイスト・アプローチは，単に量的なエビデンスによるものだけではなく，クライエント・患者の意向・特性や治療環境，治療者の経験などを総合的に考慮したアプローチである。

A221 ① ：心理療法・心理支援

① J. O. Prochaskaは熟慮の程度によって，A. A. Lazarusは問題のモードによって，適用する技法が異なるとする理論を提唱している。

② リアクタンスとは，指示をされると，それに従うよりも自分で決めたいという思いが高まる傾向であるため，リアクタンスが強いクライエントに対しては指示的な心理療法よりも非指示的な心理療法の方が適している。

③ M. Lambertのメタ分析では，治療外要因が45％と最も治療効果に関わっており，治療関係要因は30％と，2番目であった。

④ エビデンスベイスト・アプローチでは，科学的に実証的な効果だけでなく，治療者の経験やクライエントの意向・特性なども考慮する必要がある。

⑤ 負の相補性は治療過程で必ず生じるとはいえない。

Q222 ⸺⸺⸺⸺⸺⸺⸺⸺⸺⸺⸺⸺⸺⸺ □□□

心理療法の効果を検証する臨床研究について，正しいものを2つ選べ。

① 準研究は，ランダム化された対照群を欠いた実験デザインである。

② ランダム化比較試験は前後比較試験に比べて内的妥当性が低い。

③ ランダム化比較試験実施のためのガイドラインとしてヘルシンキ宣言がある。

④ 海外でエビデンスが示された新たな心理療法であっても，国内であらためてエビデンスを検証する必要がある。

⑤ 前後比較実験を行うことで，外的なバイアスを排除することができる。

Q223 ⸺⸺⸺⸺⸺⸺⸺⸺⸺⸺⸺⸺⸺⸺ □□□

初回面談において精神科等医療機関へ紹介すべきケースとして，あてはまるものを1つ選べ。

① 相談室内をキョロキョロと見渡して，落ち着きがない。

② 配偶者からの暴力によって顔にあざがある。

③ 自分の名前や今どこにいるかが理解できていない。

④ リストカットの古傷がある。

⑤ 感染症のリスクについて不安を訴えている。

Q224 ⸺⸺⸺⸺⸺⸺⸺⸺⸺⸺⸺⸺⸺⸺ □□□

初回面談において精神科等医療機関へ紹介すべきケースとして，あてはまるものを1つ選べ。

① 集中して会話をすることができていない。

② 脈絡のない話を休むことなく延々としゃべり続ける。

③ 過去のいじめられた体験を涙ながらに語る。

④ 勤務先の上司の悪口を言い続ける。

⑤ 床の方をじっと見て，視線を合わせようとしない。

A222　①と④　：臨床研究の技法

① 実験群のみを設定して，心理療法の効果を検証する実験デザインを準実験と呼ぶ。

② ランダム化比較試験の方が内的妥当性（研究が見極めようとしている因果関係の確証の程度）が高い。

③ ランダム化比較試験実施のガイドラインとしてCONSORT（Consolidated Standards of Reporting Trials：臨床試験報告に関する統合基準）声明がある。ヘルシンキ宣言は1964年に世界医師会で採択された「ヒトを対象とする医学研究の倫理原則」のことである。

④ 海外と国内では文化や価値観が異なるため，あらためてエビデンスを検証する必要がある。

⑤ 前後比較実験では，服薬，時間の経過，プラセボ効果など外的なバイアスが症状の変化（事後測定）に影響を及ぼす可能性を排除できない。

A223　③　：精神科等医療機関へ紹介すべきケース

① 初めて来る場所であれば，周りを見渡したり，落ち着きがなかったりするのは，珍しいことではない。

② 配偶者暴力相談支援センターにつなげるべきケースである。

③ 認知症など高次脳機能障害や知的能力障害を有している可能性がある。

④ 自傷他害のリスクがある程度予見できる場合は紹介すべきケースであるが，古傷ということは最近は行っていないと考えられ，すぐに紹介すべきケースには該当しない。

⑤ 感染症のリスクに対する不安は誰もが示すものであり，これだけで紹介すべきケースに該当するとはいえない。

A224　②　：精神科等医療機関へ紹介すべきケース

① 注意欠如・多動症（AD/HD）などの可能性は考えられるが，集中して会話をすることができないだけではすぐに精神科等医療機関に紹介すべきケースとはいえず，継続して状態を把握することが求められる。

② 統合失調症の可能性があり，十分なアセスメントも困難であることから，精神科等医療機関に紹介することが求められる。

③ 過去のいじめられた体験を共感的に聞き，受容するような支援が求められる。

④ 悪口や愚痴を言うことは普通の言動であり，精神科等医療機関に紹介するほどの状態にあるとはいえない。

⑤ 緊張や人見知りなどでも視線を合わせないことがあるため，まずは緊張を解くような対応が求められる。

Q225

診療録・報告書について，正しいものを1つ選べ。

① 公認心理師法では，診療録・報告書を5年間保管するよう義務づけている。

② 支援の過程において要支援者の様子や支援の内容に変化がない場合は，記載する必要はない。

③ SOAP形式の診療録におけるAには，支援者の主観的な考察・評価を書く。

④ 心理検査に関する報告書では，数値とその解釈について書くべきであり，受検態度や受検前後の様子などは書く必要はない。

⑤ 診療録は，問題指向型システムに基づいて記載する。

A225　⑤ ：診療録・報告書

① 公認心理師法には，診療録・報告書の保管についての規定はない。

② 要支援者の様子や支援の内容に変化がなくても，「変化がない」という経過を書くことは重要である。

③ Aは患者から得られた主観的情報を記載するものであり，具体的には，相談内容や要望，主訴，体調などの自覚症状，生活歴などを記載する。

④ 心理検査の報告書であっても，受検態度や受検前後の様子・言動は重要な情報であるため，記載する必要がある。

⑤ 問題志向型システム(POM)は患者の視点に立って，その患者の抱える問題を解決することを目指したものである。診療録・報告書は単なる事後記録ではなく，この視点に立って書くことが求められる。

第5部

公認心理師に関わる諸分野に
おける法律・制度と支援の実際

Q226 ·· ☐☐☐

公認心理師法について，正しいものを1つ選べ。

① 所管大臣は厚生労働大臣である。

② 国民の心の健康の保持増進に寄与することを目的としている。

③ 公認心理師の名称使用の停止を命じる際，停止の期間を定める必要はない。

④ 成年被後見人は公認心理師にはなれない。

⑤ 公認心理師試験は年に1回行うと規定されている。

Q227 ·· ☐☐☐

公認心理師法で定められているものとして，正しいものを1つ選べ。

① 公認心理師でない者が公認心理師または心理師という名称を用いた場合，禁錮の刑に処せられる。

② 公認心理師の信用を傷つけるような行為をした場合，罰金に処せられる。

③ 資質向上の責務を怠ると，公認心理師の登録が取り消される。

④ 公認心理師が職務上知り得た秘密を漏らしても，被害者等から告訴されなければ起訴されない。

⑤ 公認心理師は自ら登録を取り消すことができる。

Q228 ·· ☐☐☐

公認心理師になれる者として，正しいものを1つ選べ。

① 公認心理師の登録を取り消されて1年が経過した者。

② 認知症などにより公認心理師としての業務を適正に行うことが困難である者。

③ 道路交通法違反により罰金の刑を受け，1年が経過した者。

④ 児童福祉法で定められた守秘義務に違反して罰金の刑を受け，1年が経過した者。

⑤ 刑法違反により懲役の刑を受け，刑の執行を終え1年が経過した者。

A226 ② ：公認心理師法

① 所管大臣は厚生労働大臣と文部科学大臣である。

② 公認心理師法第1条に明記されている。

③ 名称の使用を停止する場合は，期間を定めて命じることになっている（法第32条2項）。

④ 2019年12月の法改正により，欠格事由から成年被後見人は削除された。

⑤ 試験は「年1回以上」行うと規定されている（法第6条）。

A227 ④ ：公認心理師法

① 公認心理師でない者が公認心理師または心理師という名称を用いた場合，30万円以下の罰金に処せられる（法第49条）。

② 信用失墜行為を行った場合，名称使用停止や名称取消の行政処分を受けることはあるが，罰金に処せられることはない。

③ 資質向上の責務を怠っても，刑事罰や行政処分が科されることはない。

④ 法第46条2項において，「告訴がなければ公訴を提起することができない」と規定されている。

⑤ 公認心理師法には，自ら登録を取り消すことに関する規定はない。

A228 ③ ：公認心理師の欠格事由

① 登録を取り消されてから2年を経過しなければ，公認心理師にはなれない（法第3条4号）。

② 2019年12月の法改正により，「心身の故障により公認心理師の業務を適正に行うことができない者として文部科学省令・厚生労働省令で定めるもの」は公認心理師にはなれないと規定された（法第3条1号）。

③ 道路交通法違反による罰金は欠格事由にあたらない。

④ 公認心理師法第3条3号に該当するため，刑の執行が終わってから2年経過しなければ，公認心理師にはなれない。

⑤ 公認心理師法第3条2号に該当するため，刑の執行が終わってから2年経過しなければ，公認心理師にはなれない。

Q229 □□□

公認心理師の義務と罰則について，正しいものを1つ選べ。

① 保健医療，福祉，教育などとの緊密な連携を怠った場合，名称の使用停止を受ける。

② 公認心理師の4つの義務のなかで，罰則が規定されているのは信用失墜行為の禁止のみである。

③ 虚偽または不正の事実に基づいて公認心理師の登録を受けた者は，懲役に処せられる。

④ 公認心理師の名称使用停止期間中であっても，心理検査やカウンセリング，心理療法などを行うことはできる。

⑤ 主治の医師に従わなかった場合，直ちに登録取消または名称の使用停止に処せられる。

Q230 □□□

公認心理師と主治の医師との連携について，正しいものを1つ選べ。

① 誰が主治の医師であるかは，要支援者の意向も踏まえつつ，公認心理師が判断する。

② 主治の医師は心理に関する支援に直接関わらない疾病に対する医師でもよい。

③ 公認心理師が主治の医師の指示に従わなければ，直ちに公認心理師法違反となる。

④ 公認心理師が要支援者の主治の医師と連絡をとることは必要不可欠な業務であるため，要支援者から許可を得なくてもよい。

⑤ 要支援者が主治の医師の関与を望まない場合は，主治の医師との連携はせずに，公認心理師の判断に基づいて支援を行う。

Q231 □□□

公認心理師の言動として，適切なものを1つ選べ。

① 要支援者からの誕生日プレゼントを受け取る。

② 友人に対して心理に関する支援を行う。

③ 要支援者に対して交際するよう求める。

④ 自分の専門性では対応できない要支援者に他の専門家を紹介する。

⑤ どのような状況であっても，要支援者に関する情報を他者に話さない。

A229 　④　：公認心理師の義務と罰則

① 連携等（法第42条）には罰則・行政処分は規定されていない。

② 公認心理師の4つの義務のうち，罰則が規定されているのは，秘密保持義務（法第41条）だけである。

③ 虚偽または不正の事実に基づいて登録を受けた者は，登録取消（法第32条2号）及び30万円以下の罰金に処せられる（法第49条）。

④ 公認心理師は名称独占資格であるため，名称使用停止期間中であっても（あるいは公認心理師でなくても），心理検査やカウンセリング，心理療法など心理支援に関する行為を行うことはできる。

⑤ 主治の医師の指示に従わなかった場合，登録取消または名称使用停止（法第32条）が規定されているが，従わなかったからといって直ちにこれらの処分が下るわけではない（「公認心理師法第42条第2項に係る主治の医師の指示に関する運用基準について」（通知）より）。

A230 　①　：公認心理師と主治の医師との連携

① 誰が主治の医師であるかは，一義的には公認心理師が決めるとされている。

② 主治の医師は心理に関する支援に関わる者であり，心理に関する支援に関わらない疾病に対する医師は主治の医師にはならない。

③ 主治の医師の指示に従わなくても，直ちに公認心理師法違反になるとはいえない。

④ 公認心理師が主治の医師と連絡をとる際には，要支援者からの同意が必要である。

⑤ 要支援者が主治の医師の関与を求めない場合，公認心理師は要支援者の心情に配慮しつつ，主治の医師からの指示の必要性等について丁寧に説明することが求められている。

A231 　④　：公認心理師の言動

① 要支援者からは，所定の報酬以外の物品を受け取るべきではない。

② 友人に対する支援は多重関係になるため，避けなければならない。

③ 要支援者に対してプライベートな交際を求めてはならず，また求められても断らなければならない。

④ 自らの専門性や能力などの限界を理解し，十分な支援ができないと考えられる場合は，早い段階で他の専門家を紹介する（リファーする）ことが求められる。

⑤ ケースカンファレンスや虐待などの通告などの場合は，要支援者に関する情報を話すことが認められている。

基礎心理学

実験・研究

人体の構造／精神疾患

アセスメント／心理的支援

法律・制度

事例

Q232 ·· □□□

心理職のコンピテンシーについて，正しいものを1つ選べ。

① 協働的能力としての多職種連携コンピテンシーで最も中核にあるドメインは「患者・利用者・家族・コミュニティ中心」である。

② 心理職のコンピテンシーは経験を積むほど向上していく。

③ 反省的実践とは，自分の欠点や否定的な部分，失敗を補うような実践をすることである。

④ コンピテンシー発達のキューブモデルでは，科学者―実践者モデルの視点が考慮されていない。

⑤ コンピテンシーとは，心理職としての職責を果たすことができるという自信のことである。

Q233 ·· □□□

スーパービジョンについて，正しいものを1つ選べ。

① 支援者(スーパーバイジー)が現在進めているケースについてスーパービジョンを行うことをパラレルプロセスと呼ぶ。

② スーパーバイザーとスーパーバイジーは対等な関係である。

③ 公認心理師はスーパービジョンを受けなければならない。

④ スーパーバイジーにバーンアウトの兆候がみられる場合，スーパーバイザーはスーパーバイジーに対して心理療法を行う。

⑤ スーパービジョンはひとりからだけでなく，複数のスーパーバイザーから受けてもよい。

Q234 ·· □□□

心理職の職業倫理について，正しいものを1つ選べ。

① 自身の専門性や技術では対応できないケースについては，できるだけ早期にリファーする。

② いかなる場合であっても，知り得た秘密を他者に漏らしてはならない。

③ 来談者が知人であっても，来談に来た以上，相談を受ける。

④ 来談者の信頼を得るために，自分の経歴などを多少偽っても問題ない。

⑤ 退職・休職などによって受け持っているケースの継続が困難になった場合，クライエントにそのことは告げずに，そのまま後任の者に任せる。

A232　①：心理職のコンピテンシー

① 多職種連携コンピテンシーでは，「患者・利用者・家族・コミュニティ中心」が最も中核的なドメインであり，「職種間コミュニケーション」もコア・ドメインとしている。

② 心理職のコンピテンシーは経験だけでなく，反省的実践や資質向上のための学習などによって向上するものである。

③ 反省的実践とは，自分自身の能力と技能を見定め，必要に応じてその活動を修正していく実践のあり方である。

④ キューブモデルの機能コンピテンシーには「研究/評価」という領域が含まれている。

⑤ コンピテンシーとは，特定の専門家が，適切で効果的に業務を行う資格をもち，その専門職の倫理観や価値観に沿った方法で，適切な判断，批判的思考，意思決定ができることを指す用語である。

A233　⑤：スーパービジョン

① パラレル（並行）プロセスとは，支援者─要支援者の間での感情的なやり取りが，スーパーバイザー─スーパーバイジー間で再現される現象のことである。

② スーパーバイザーとスーパーバイジーの間には専門性や知識，経験などにおいて差がある。

③ 公認心理師がスーパービジョンを受けなければならないという規定はない。

④ スーパーバイジーは心理療法を行わずに，適切な者にリファーすべきである。

⑤ 複数からスーパービジョンを受けることで，特定のスーパーバイザーへの依存を避け，多様な視点からケースを見ることができるようになる。

A234　①：心理職の職業倫理

① 時間が経ってからリファーをすると見捨てられたと思われることもあるため，できるだけ早期にリファーする。

② ケースカンファレンスや緊急を要する場合などは，できるだけクライエントの同意を得て，他者に情報を提供する。

③ 知人からの相談を受けることは多重関係になるため避ける。

④ 信用を得るためであっても，経歴などを偽ってはならない。

⑤ ケースの継続が難しい場合は，事前にクライエントに事情を説明し，今後どのように進めていくかについて丁寧に話し合うことが望まれる。

基礎心理学

実験・研究

人体の構造／精神疾患

アセスメント／心理的支援

法律・制度

事例

Q235 □□□

医療法について，正しいものを１つ選べ。

① 医療事故には，医療に起因すると疑われる死産は含まれない。

② 医療には，疾病予防やリハビリテーションも含まれる。

③ 医療計画は，各自治体における医療提供体制の確保を図るために策定されるものである。

④ 病床は４種類に分けられる。

⑤ 医療事故調査・支援センターは，医療事故調査への支援を行うことにより医療の安全確保を目的とした国の機関である。

Q236 □□□

医療法について，正しいものを１つ選べ。

① 医療従事者の患者等に対するインフォームドコンセントについて規定している。

② 30床以上ある医療施設を病院，29床以下または入院施設がない医療施設を診療所と呼ぶ。

③ 医療事故が発生した場合，医療事故調査・支援センターは直ちに医療事故調査を行わなければならない。

④ 医師の守秘義務について規定している。

⑤ 市町村は地域の実情に応じた医療計画を策定しなければならない。

Q237 □□□

医療法で定められている医療事故に該当するものを１つ選べ。

① お見舞いに来た人が提供したお菓子を患者がのどに詰まらせ死亡した。

② 妊婦が病院内の階段から転落し流産した。

③ 看護師が投与すべき点滴量を誤り，患者が意識不明となった。

④ 医師から末期がんであることを告知された患者が病院敷地内で自殺した。

⑤ 手術の際に行うべき処置を行わず，術後に患者が死亡した。

A235 　②　：医療法

① 医療事故は，医療従事者が提供した医療に起因する，または起因すると疑われる死亡及び死産のことである（法第6条の10第1項）。

② 医療法第1条の2第1項に規定されている。

③ 医療計画制度は，各都道府県で策定するものであり，自治体ではない（法第30条4〜12）。

④ 病床は，精神病床，感染症病床，結核病床，療養病床，一般病床の5種類に分類されている（法第7条2項）。

⑤ 医療事故調査・支援センターは国の機関ではなく，一般社団法人または一般財団法人である（法第6条の15）。

A236 　①　：医療法

① 法第1条の4第2項に「医師，歯科医師，薬剤師，看護師その他の医療の担い手は，医療を提供するに当たり，適切な説明を行い，医療を受ける者の理解を得るよう努めなければならない」と規定されている。

② 20床以上の医療施設を病院，19床以下または病床のない医療施設を診療所と呼ぶ。

③ 医療事故調査を行うのは病院等の管理者である（法第6条の11第1項）。

④ 医師の守秘義務は，医師法に規定されており，医療法には規定されていない。

⑤ 医療計画を策定するのは都道府県である（法第30条の4〜12）。

A237 　⑤　：医療法における医療事故

① 医療従事者が提供した医療に起因していないので，医療事故には該当しない。

② 医療従事者が提供した医療に起因していないので，医療事故には該当しない。

③ 医療事故は死亡または死産であるため，意識不明は医療事故には該当しない。

④ 医療従事者が提供した医療に起因していないので，医療事故には該当しない。

⑤ 医療従事者が提供した医療に起因する，または起因すると疑われる死亡及び死産（法第6条の10第1項）に該当する。

Q238 .... □□□

精神保健福祉法による精神障害者の入院について，正しいものを1つ選べ。

① 措置入院の費用は，精神障害者本人が負担する。

② 家族等が医療保護入院に同意しない場合，市町村長の同意によって入院させることができる。

③ 精神科病院に入院している者は，病院の管理者に対して，退院や処遇改善措置をいつでも請求することができる。

④ 任意で入院した精神障害者は，自らの申し出によりいつでも退院することができる。

⑤ 措置入院者について，精神障害そのものが治っていなくても，自傷他害のおそれが認められなくなれば，直ちに退院させなければならない。

Q239 .... □□□

精神保健福祉法で定められている入院について，正しいものを1つ選べ。

① 措置入院では，入院理由となった精神障害が寛解すると措置解除となる。

② 精神保健指定医1名による診察と家族等の同意によって，自傷他害のおそれのない精神障害者を医療保護入院させることができる。

③ 患者に家族等がいない場合，都道府県知事の同意で医療保護入院をさせることができる。

④ 自傷他害のおそれがない精神障害者の入院に対して本人及び家族等が同意しない場合，精神保健指定医の診察によって24時間に限り応急入院指定病院に入院させることができる。

⑤ 自傷他害のおそれがある精神障害者に対して精神保健指定医2名が下す精神疾患に関する障害診断が一致しなければ，措置入院をさせることはできない。

Q240 .... □□□

精神障害による入院患者の処遇について，正しいものを1つ選べ。

① 入院患者本人からの申し出による隔離は認められていない。

② 行動の制限は他の入院患者の安全確保のために行われる。

③ 面会の際には，看護師等医療従事者が同席しなければならない。

④ 行動の制限は，1回の指示で1週間を超えてはならない。

⑤ 信書の受け取りを制限することはできないが，発送は制限できる。

A238 ⑤ ：精神保健福祉法による入院

① 措置入院の費用は都道府県が負担する（法第30条1項）。

② 市町村長の同意によって医療保護入院が可能なのは，家族等がいないか，家族等が意思を表明できない状態にある場合である。

③ 退院等の請求などは都道府県知事に対して行われる（法第38条の4）。

④ 任意入院者から申し出があれば原則として退院させなければならないが（法第21条2項），精神保健指定医が直ちに退院させられないと判断した場合は72時間を限度に退院を制限できる（法第21条3項）。

⑤ 措置入院者は，自傷他害のおそれがないと認められた時点で，退院させなければならない（法第29条の4）。

A239 ② ：精神保健福祉法による入院

① 措置解除は，自傷他害のおそれがなくなったと判断された場合に行われる。

② 自傷他害のおそれのない精神障害者を医療保護入院させる場合には，精神保健指定医1名の診察と家族等の同意によって行うことができる。

③ 家族等がいない場合は，市町村長の同意によって医療保護入院をさせることができる。

④ 応急入院は72時間以内である。

⑤ 精神障害に関する診断が一致しなくても，精神障害による自傷他害のおそれがあるという判断が一致すれば，措置入院をさせることができる。

A240 ④ ：入院患者の処遇

① 入院患者からの申し出によって隔離することはできる。

② 行動の制限は，入院患者の適切な精神医療の確保及び社会復帰の促進に資するために行われる。

③ 面会は医療従事者等の同席なく自由に行うことができる。

④ 行動の制限は，1日1回以上の診察をもとに，1回の指示で1週間を超えないようにしなければならない。

⑤ 信書の発授は制限することはできない。

Q241 □□□

精神障害による入院患者の処遇に関して，正しいものを1つ選べ。

① 精神保健指定医でなくても入院患者を隔離することができる。

② 医療保護入院患者及び措置入院患者に対しては，入院後7日以内に退院後生活環境相談員が選任される。

③ 身体的拘束を行う場合には，手錠のような刑具や縄・ロープなどを使用する。

④ 隔離や身体的拘束は，1回の指示で2週間まで行うことができる。

⑤ 精神保健指定医はすべての面会を制限することができる。

Q242 □□□

医療保護入院者の退院促進措置について，正しいものを1つ選べ。

① 地域援助事業者の紹介は，精神科病院の管理者の義務である。

② 医療保護入院者の家族が申し出た場合，その家族は医療保護入院者退院支援委員会に出席することができる。

③ 退院後生活環境相談員は医療保護入院者の入院後7日以内に選任されなければならない。

④ 医療保護入院者退院支援委員会では，入院継続の必要性の有無については審議しない。

⑤ 退院後生活環境相談員は，主治医の指示のもと，退院に向けた相談支援を行う。

Q243 □□□

精神科デイ・ケアについて，正しいものを1つ選べ。

① 標準実施時間は一人あたり1日につき4時間である。

② 精神科医，看護師，臨床心理技術者が必須の人員とされている。

③ デイ・ケアの目的は精神疾患の治療である。

④ 1年以上利用している者の利用日数は，1週間に5日以内である。

⑤ 患者に応じたプログラムを用いてグループでの治療を行う。

A241　　①　：入院患者の処遇

① 12時間以内の隔離であれば，精神保健指定医ではない医師でも行うことができる。

② 退院後生活環境相談員は措置入院者には選任されない。

③ 身体的拘束には専用の拘束具等を使用しなければならない。

④ 行動の制限は，1回の指示で1週間を超えてはならない。

⑤ 面会は原則として自由に行うことができるものであり，精神保健指定医であっても原則として制限することはできない。

A242　　③　：医療保護入院者の退院促進措置

① 地域援助事業者の紹介は，病院の管理者の努力義務である。

② 医療保護入院者の家族が医療保護入院者退院支援委員会に出席できるのは，入院者からの申し出があり，家族がその出席要請に応じた場合である。

③ 退院後生活環境相談員は医療保護入院者の入院後7日以内に選任され，選任直後には，入院者や家族に対して選任されたことや役割，退院促進措置への関わりなどについて説明することが求められる。

④ 医療保護入院者退院支援委員会では，入院継続の必要性の有無やその理由，入院継続が必要な場合の推定入院期間，退院に向けた取り組みなどを審議する。

⑤ 退院後生活環境相談員は，主治医の指導を受け，相談支援を行う。

A243　　⑤　：精神科デイ・ケア

① 標準実施時間は一人あたり1日につき6時間である。

② 基準となる人員は規模によって異なるが，小規模であれば「作業療法士，精神保健福祉士又は臨床心理技術者のいずれか」，大規模であれば「臨床心理技術者又は精神保健福祉士」となっており，臨床心理技術者が必須とはいえない。

③ デイ・ケアの目的は「精神疾患を有するものの社会生活機能の回復」である。

④ デイ・ケアの利用日数に上限はないが，診療報酬は，1年以上利用している者については週5日を限度として算出するという条件がついている。

⑤ 患者に合わせて，ソーシャル・スキルズ・トレーニング（SST）やミーティング，音楽療法，作業療法，ヨガ，調理，散歩など多様なプログラムが行われている。

Q244

自殺対策について，正しいものを１つ選べ。

① 自殺総合対策は生きることの包括的な支援として推進するものである。

② 自殺対策基本法の目的に，自殺者の親族等の支援は含まれていない。

③ 自殺対策に関わる施策は４つのレベルに分けられる。

④ ゲートキーパーは精神保健福祉士や社会福祉士など専門的な資格を有する者が研修を受けることでなることができる。

⑤ 自殺総合対策大綱では，具体的な数値目標は示されていない。

Q245

自殺対策として，<u>不適切なもの</u>を１つ選べ。

① 家庭や地域などで安心して所属できる場所をつくる。

② 地域で声かけや見守りを行うゲートキーパーを活用する。

③ 本人の言動や自殺企図が他者に負担を与えていることを自覚させる。

④ 精神科入院などによって精神疾患の治療を行う。

⑤ 自殺の方法に関わる情報や自殺に用いることができる物品などから遠ざける。

Q246

臓器移植について，正しいものを１つ選べ。

① 臓器の優先提供ができる親族に特別養子縁組による養子・養父母は含まれない。

② 臓器移植法に臓器売買に関する規定はない。

③ 生前本人から臓器提供しない意思が示されていなければ，遺族の承諾で臓器提供を行うことができる。

④ 15歳未満の子どもは脳死臓器提供ができない。

⑤ 知的障害者であっても，生前臓器提供の意思が示されていれば，臓器提供を行うことができる。

A244　①：自殺対策

① 自殺総合対策は生きることの包括的な支援として，社会全体のリスク（生きることの阻害要因）を減らし，促進要因を増やすことを目指している。

② 自殺者の親族等の支援の充実が含まれている。

③ 自殺対策に関わる施策は，「対人支援のレベル」「地域連携のレベル」「社会制度のレベル」の3つに分けられる。

④ ゲートキーパーは，民生委員やボランティアなど専門的な資格をもっていない人でも，研修を受けることでなることができる。

⑤ 2027年までに自殺死亡率を2015年と比べて30％以上減少させるという数値目標が立てられている。

A245　③：自殺のリスクアセスメント

① 所属感の減弱は自殺のリスク要因であるため，家族や地域などと結びつき，所属感を高めることは自殺対策として有用である。

② ゲートキーパーは自殺の危険を示すサインに気づき，声かけや見守り，必要な支援につなげるなどの対応を行うことで，自殺を予防することができる。

③ 自分の存在が他者や社会に迷惑や負担をかけていると感じる負担感の知覚は，自殺のリスクを高めることになるため，そのような自覚をもたせることは避けなければならない。

④ うつ病などの精神疾患は自殺のリスクとなり得るため，そのような症候がみられる場合は，早期に精神科医療につなげなければならない。

⑤ 自殺の方法を身につけたり，自殺を可能にする道具を用意したりすることは，身についた自殺潜在能力を高め，自殺のリスク要因になるため，それらから遠ざけることで，リスクを低くすることができる。

A246　③：臓器移植

① 特別養子縁組による養子・養父母は親族に含まれる。

② 法第11条で臓器売買は禁止されている。

③ 臓器提供をしない（拒否）意思が示されていれば，遺族の承諾があっても臓器提供をすることはできないが，提供しない意思が示されていない場合は遺族の承諾で提供できる。

④ 15歳未満であっても，拒否の意思を示していなければ，遺族の承諾で行うことができる。

⑤ 知的障害者など臓器提供に関する有効な意思表示が困難となる障害を有する者からの臓器摘出は見合わせられている。

Q247

保険診療について，正しいものを1つ選べ。

① 診療報酬は3年ごとに改定される。

② 調剤薬局は医療保険者に対して診療報酬を請求する。

③ 被保険者は医療保険者に対して一部負担金を支払う。

④ 75歳以上になると後期高齢者医療制度による医療提供を受ける。

⑤ 審査支払機関は保険医療機関等に審査済みの請求書を送付する。

Q248

災害時の心理的支援について，正しいものを1つ選べ。

① 災害派遣精神医療チーム（DPAT）は精神科医，看護師，保健師で構成される。

② こころのケアレベルのスクリーニングは保健師が中心になって行う。

③ サイコロジカル・ファーストエイドの3原則は「見る」「聞く」「支える」である。

④ 子どもが地震や津波などの災害を再現する遊びをしている場合はやめさせる。

⑤ 災害後早期から心理学的なこころのケア活動を行う。

Q249

被災者のこころのケアについて，誤っているものを1つ選べ。

① 災害後早期のこころのケア活動は，心理学的なケアよりも実際的なケアが中心となる。

② 被災者の生活復興感の改善には地域コミュニティとのつながりが重要である。

③ 情動的な反応がみられる被災者に，それらの反応が異常な状況に対する正常な反応であることを伝えることは避けるべきである。

④ 被災者を集めて被災状況やそのときの感情などを話させる行為は行うべきではない。

⑤ 見守りレベルとは，適切なケアを行わなければ精神疾患などを示す可能性のある被災者のことである。

A247　④ ：保険診療

① 診療報酬の改定は2年ごとである。

② 調剤薬局は診療報酬を審査支払機関に請求する。

③ 被保険者は医療保険者に対して保険料（掛け金）を支払う。

④ 後期高齢者医療制度は75歳以上の者と65歳以上の一部の障害者を対象としている。

⑤ 審査支払機関が審査済みの請求書を送付するのは医療保険者に対してである。

A248　② ：災害時の心理的支援

① DPATは，精神科医，看護師，業務調整員（ロジスティック）で構成される。

② スクリーニングは保健師が中心になって行うものとされている。

③ サイコロジカル・ファーストエイドの3原則は「見る」「聞く」「つなげる」である。

④ 災害を再現する遊びは無理にやめさせる必要はない。

⑤ 災害後早期のこころのケア活動は，「心理学的」なものよりは，生活再建に即した「実際的な」性質のものとなる。

A249　③ ：被災者のこころのケア

① 災害後早期では，子守りを手伝う，避難所を清掃する，申請書の書き方を教えるなどの実際的なケアが中心となる。

② 生活復興感とは「復旧・復興期における自身の生活の充実度・満足度，1年後の生活の見通しに対する被災者の主観的な評価」のことであり，地域コミュニティとのつながりが生活復興感の改善に役立つことが示されている。

③ 情動的な反応が異常な状況に対する正常な反応であることを伝えることは，自分の状態を理解し，安心感を得ることにつながる。

④ 被災状況やそのときの感情などを話させる心理的デブリーフィングは，二次被害を生じさせるおそれがあるため，行わない。

⑤ 見守りレベルの被災者に対しては，傾聴，アドバイスなどのこころのケアを実施する。

※　内閣府『被災者のこころのケア　都道府県対応ガイドライン』より作成。

基礎心理学

実験・研究

人体の構造／精神疾患

アセスメント／心理的支援

法律・制度

事例

Q250

サイコロジカル・ファーストエイドについて，<u>誤っているもの</u>を1つ選べ。

① 相手の安全や尊厳，権利を尊重して行われる。

② 心理的デブリーフィングは行わない。

③ 相手の文化を考慮して，それに合わせて行動することが求められる。

④ 自然災害や偶発的な事件・事故だけでなく，戦争やテロなどの人為的な行為の被害者やその目撃者も対象となる。

⑤ 精神科医や心理職のような専門家が行う行為である。

Q251

児童福祉施設について，正しいものを1つ選べ。

① 非行や不良行為がみられる児童は児童自立支援施設の利用を検討する。

② 母子家庭支援施設は父子家庭でも利用できる。

③ 市町村には児童福祉施設の設置義務がある。

④ 児童心理治療施設は精神疾患や知的障害をもった児童の治療・療育を目的としている。

⑤ 乳児院の入所理由で最も多いのは「望まない妊娠・出産」である。

Q252

児童福祉施設について，正しいものを1つ選べ。

① すべての児童福祉施設が被虐待児や養育困難家庭の子の措置先となっている。

② 都道府県は児童福祉法に規定されているすべての児童福祉施設を設置しなければならない。

③ 幼稚園は児童福祉施設である。

④ 満1歳に達した子は，乳児院を退院しなければならない。

⑤ 母子生活支援施設の入所理由で最も多いのは，「夫などの暴力」である。

A250　　⑤　：サイコロジカル・ファーストエイド

① つらい出来事に打ちひしがれている人々に責任をもって支援を行うには，相手の安全，尊厳，権利を尊重することが大切である。

② 心理的デブリーフィングは二次被害を生じさせるおそれがあるため，行わない。

③ 相手の文化，宗教，価値観などを理解し，それらに合わせて行動することで，相手に安心感を与えるとともに，信頼に基づいた支援を行うことができる。

④ つらい出来事であれば，天災も人為的な行為もサイコロジカル・ファーストエイドの対象となり，また他者の被害や事件・事故などの目撃者も対象となる。

⑤ サイコロジカル・ファーストエイドは専門家にしかできないものではない。

※ WHO『心理的応急処置(サイコロジカル・ファーストエイド：PFA)フィールドガイド』より作成。

A251　　①　：児童福祉施設

① 児童自立支援施設は，非行や不良行為をし，保護者に監督させることが不適当な児童を対象としている。

② 母子家庭支援施設は配偶者のいない女子とその子(母子家庭)を対象としており，父子家庭は対象としていない。

③ 児童福祉施設(幼保連携型認定こども園を除く)の設置義務は都道府県にある。

④ 精神疾患や知的障害をもつ児童は障害児入所施設や児童発達支援センターの利用が検討される。

⑤ 乳児院の入所理由で最も多いのは「虐待およびネグレクト」である。

A252　　⑤　：児童福祉施設

① 被虐待児や養育困難家庭の子の措置先となっているのは，乳児院，母子生活支援施設，児童養護施設，児童心理治療施設，児童自立支援施設である。

② 都道府県には児童福祉施設の設置義務があるが，幼保連携型認定こども園はその設置義務から除外されているため「すべての児童福祉施設」ではない。

③ 幼稚園は学校教育法に規定されている「学校」である。

④ 乳児院には2～3歳くらいまでは入所している。

⑤ 全国母子生活支援施設協議会ホームページによると，母子生活支援施設の入所理由としては，「夫などの暴力」が48.7%で最も多くなっている。

Q253 ··· □□□

児童相談所について，正しいものを1つ選べ。

① 市町村は児童相談所を設置しなければならない。
② 児童相談所長は虐待をする親に対して親権の停止や喪失を行う権限をもっている。
③ 児童心理司の配置基準は定められていない。
④ 医師や保健師の配置は任意である。
⑤ 児童相談所における一時保護は原則1か月以内である。

Q254 ··· □□□

児童虐待について，正しいものを1つ選べ。

① 児童相談所による児童の安全確認は，児童虐待の通告受理後，24時間以内に行うのが望ましい。
② 子どもの前で配偶者に暴力をふるう行為は，身体的虐待に含まれる。
③ 児童虐待を行った保護者に対しては，親子の再統合への配慮などを念頭に指導を行う。
④ 児童虐待防止法には，児童虐待の禁止は規定されていない。
⑤ 児童虐待を受けていると疑われる児童を発見しても，虐待の確証が得られなければ，通告することができない。

Q255 ··· □□□

児童虐待及びその対策について，正しいものを1つ選べ。

① 子どもの目の前で配偶者に暴力をふるう行為は虐待には含まれない。
② 子どもが訴える状況が差し迫っており，子ども自身も保護を求めている場合は一時保護を検討する。
③ 児童相談所による一時保護には保護者等の同意が必要である。
④ 児童相談所長は虐待を行った保護者に対して，一時保護をしている子どもとの面会や通信を制限することができる。
⑤ 児童虐待で最も多いのは身体的虐待である。

A253　③　：児童相談所

① 児童相談所の設置義務は都道府県にある（児童福祉法第12条）。

② 児童相談所長は虐待をする親の親権喪失，親権停止，管理権喪失の審判を家庭裁判所に請求することはできるが（児童福祉法第33条の7），親権の停止や喪失を行う権限を有しているわけではない。

③ 児童福祉司の人数については児童福祉法第13条2項において「政令で定める基準を標準として都道府県が定める」とされており，具体的には児童福祉法施行令第3条に規定されている。一方，児童心理司の人数については法令等で規定されていない。

④ 児童相談所には精神科を専門とする医師，保健師を置くことが義務とされている。

⑤ 一時保護期間は2か月以内であるが，児童相談所長または都道府県知事が必要と認める場合は，満20歳に達するまで延長することができる（児童福祉法第33条）。

A254　③　：児童虐待

① 48時間以内に行うのが望ましいとされている。

② 心理的虐待に含まれる。

③ 児童虐待防止法第11条2項に，児童虐待を行った保護者への指導について，「親子の再統合への配慮その他の児童虐待を受けた児童が家庭（中略）で生活するために必要な配慮の下に適切に行われなければならない」と規定されている。

④ 児童虐待防止法第3条に「何人も，児童に対し，虐待をしてはならない」と規定されている。

⑤ 通告は「児童虐待を受けたと思われる児童を発見した」ときに行うものであり（法第6条），確証が得られている必要はない。

A255　④　：児童虐待及びその対策

① 子どもの目の前で配偶者に暴力をふるう行為は面前DV（ドメスティック・バイオレンス）と呼ばれ，心理的虐待のひとつとされている。

② 子どもが訴える状況が差し迫っており，子ども自身も保護を求めている場合は，一時保護ではなく，緊急一時保護を検討する。

③ 児童相談所による一時保護には保護者等の同意は不要である。

④ 児童虐待防止法第12条1項に規定されている。

⑤ 厚生労働省「平成30年度　児童相談所での児童虐待相談対応件数等」（速報値）によると，心理的虐待が8万8389件で最も多く，次いで身体的虐待（4万256件）であった。

Q256 ....□□□

被虐待児への対応・支援について，正しいものを1つ選べ。

① 一時保護は児童相談所長の判断により，満18歳に達するまで延長することができる。

② 被虐待児を施設措置にする際には，保護者から同意を得なければならない。

③ 子どもが保護を求めていなくても，重大な結果が生じる可能性が高い場合，緊急一時保護を検討する。

④ 一時保護をしている子どもに対して，心理検査を実施することがある。

⑤ 施設入所等の措置を解除する際には，児童相談所長は児童福祉司等の意見を聴かなければならない。

Q257 ....□□□

児童虐待の発生予防について，正しいものを1つ選べ。

① 特定妊婦は要保護児童対策地域協議会の対象ではない。

② 多胎は児童虐待のリスク要因のひとつである。

③ 要支援児童に非行児童は含まれない。

④ 地方公共団体は要保護児童対策地域協議会を設置しなければならない。

⑤ 要保護児童を発見した者は要保護児童対策地域協議会に通告しなければならない。

Q258 ....□□□

要保護児童対策地域協議会について，正しいものを1つ選べ。

① 設置主体は都道府県である。

② 実務者会議と個別ケース会議の2層構造である。

③ 児童虐待の予防が目的であり，発生した児童虐待への対応は行わない。

④ 非行児童も対象となっている。

⑤ 必要に応じて，養子縁組の斡旋を行う。

A256　④ ：被虐待児の対応・支援

① 一時保護は，児童相談所長が特に必要があると認めるときは，満20歳に達するまで延長することができる（児童福祉法第33条の6）。

② 児童福祉法第28条では保護者の「意に反する」ときの措置が規定されている。「意に反しない」，つまり明確に施設措置に反対の意を示していなければ，積極的な同意がなくても施設措置を行うことができる。

③ 緊急一時保護は，（1）当事者が保護を求めており，訴える状況が差し迫っている場合か，（2）当事者は保護を求めていないが，すでに重大な結果が生じている場合，の2パターンで検討される。

④ 子どもに対しては，面接，行動観察，心理検査，関係者への聴取などを通して，総合的なアセスメントを行う。

⑤ 施設入所等の措置を解除する際に児童福祉司の意見を聴かなければならないのは都道府県知事である（児童虐待防止法第13条1項）。

A257　③ ：児童虐待の発生予防

① 要保護児童対策地域協議会の対象は要保護児童，要支援児童，特定妊婦である（児童福祉法第25条の2第2項）。

② 多胎は特定妊婦の要件のひとつであるが，児童虐待のリスク要因にはあげられていない。

③ 要支援児童とは保護者の養育を支援することが特に必要と認められる児童のこと（児童福祉法第6条の3第5項）であり，非行児童は含まない。

④ 要保護児童対策地域協議会の設置は地方公共団体の努力義務である。

⑤ 要保護児童を発見した者は，都道府県の福祉事務所・児童相談所に通告しなければならない（児童福祉法第25条1項）。

A258　④ ：要保護児童対策地域協議会

① 設置主体は地方自治法に規定する地方公共団体である。

② 代表者会議，実務者会議，個別ケース検討会議の3層構造である。

③ 発生した児童虐待に対しても，調査や個別ケース検討会議の開催，関係機関等による支援などを行っている。

④ 非行児童は要保護児童に含まれるため，要保護児童対策地域協議会の対象となる。

⑤ 要保護児童対策地域協議会の業務に，養子縁組の斡旋は含まれていない。

※　厚生労働省「要保護児童対策地域協議会・運営指針」より作成。

基礎心理学

実験・研究

人体の構造／精神疾患

アセスメント／心理的支援

法律・制度

事例

Q259 ··· □□□

親子関係再構築支援について，<u>誤っているもの</u>を１つ選べ。

① 親子関係再構築支援は児童福祉法に基づいて行われている。

② 親子関係再構築支援は親子が再び一緒に生活できるようにすることを目指す。

③ 虐待をした親に対するペアレントトレーニングは親子関係再構築支援に含まれる。

④ 親子関係再構築支援は６種類に分けられる。

⑤ 親子関係再構築支援には，事前に虐待を予防することも含まれる。

Q260 ··· □□□

里親について，<u>誤っているもの</u>を１つ選べ。

① 里親は４種類に分けられる。

② 里親は児童相談所長からの委託を受けて被虐待児の一時保護を行うことができる。

③ 児童相談所は里親を定期的に訪問し，里親が行う子どもの養育について支援を行う。

④ 里親への委託措置の解除は，児童相談所長の意見を聴いたうえで市町村長が行う。

⑤ 里親制度の目的は，子どもの健全な育成を図ることである。

A259　②　：親子関係再構築支援

① 児童福祉法第48条の3に規定されている。

② 親子関係再構築は「子どもと親がその相互の肯定的なつながりを主体的に回復すること」と定義され，必ずしも再び一緒に生活することを目指すものではない。

③ ペアレントトレーニングは親子関係再構築支援に含まれる。

④ 親子関係再構築支援は，家庭復帰，分離のままの親子関係再構築，永続的な養育の場，虐待予防，在宅での親子関係再構築，アフターケアの6種類に分けられている。

⑤ 虐待のリスクを軽減し，虐待を予防するための支援も親子関係再構築支援に含まれる。

※ 厚生労働省「社会的養護関係施設における親子関係再構築支援ガイドライン」より作成。

A260　④　：里親制度

① 養育里親，養子縁組里親，専門里親，親族里親の4種類である（厚生労働省「児童相談所運営指針」では，養育里親，親族里親，短期里親，専門里親という分類をしている）。

② 児童福祉法第33条2項において，「適当な者に当該一時保護を行うことを委託させることができる」とあり，この「適当な者」に里親が含まれる。

③ 厚生労働省「児童相談所運営指針」において「『里親が行う養育に関する最低基準』が遵守され，適切な養育が行われるよう子どもの養育について必要な支援を行うこと」とされている。

④ 里親への委託及び委託の解除や変更を行うのは都道府県知事（または都道府県知事から委託された児童相談所長）であり，児童福祉法第27条5項に規定されている。

⑤ 厚生労働省「児童相談所運営指針」において「家庭での養育に欠ける子ども等に，その人格の完全かつ調和のとれた発達のための暖かい愛情と正しい理解をもった家庭を与えることにより，愛着関係の形成など子どもの健全な育成を図ること」と書かれている。

Q261 ·· □□□

里親になれない者として，正しいものを2つ選べ。

① 児童の福祉に反する行為によって罰金の刑に処せられ，罰金の支払いを終えていない者。

② 被補助人。

③ 未成年者。

④ 児童買春により懲役に処せられ，その執行を終えた者。

⑤ 以前に児童虐待を行ったことがある者。

Q262 ·· □□□

児童虐待防止法，高齢者虐待防止法，障害者虐待防止法について，正しいものを1つ選べ。

① いずれの法律においても，虐待の種類は4種類としている。

② 加害者として想定されている者は，児童虐待防止法では1種であるのに対し，高齢者虐待防止法と障害者虐待防止法ではそれぞれ2種である。

③ いずれの法律においても，虐待を受けている事実が確認された場合，通告する義務が課せられている。

④ いずれの法律においても，加害者に対する罰則は規定されていない。

⑤ いずれの法律においても，保護者・養護者の負担軽減や支援が求められている。

A261　①と⑤ ：里親の欠格事由

① 児童福祉法第34条の20第1項2号では，「この法律，（中略）その他国民の福祉に関する法律で政令で定めるものの規定により罰金の刑に処せられ，その執行を終わり，又は執行を受けることがなくなるまでの者」と規定されている。罰金の刑に処せられ，まだ罰金を支払っていないということは，執行が終わっていないということであり，欠格事由に該当する。

② 里親の欠格事由に被補助人は含まれていないため，里親になることができる。

③ 年齢については里親の欠格事由に規定がないため，未成年でもなることはできる。

④ 児童福祉法第34条の20第1項1号に規定されている通り，すでに刑の執行が終わっていることから，里親になることができる。

⑤ 児童福祉法第34条の20第1項3号において「児童虐待の防止等に関する法律第2条に規定する児童虐待又は被措置児童等虐待を行った者」は里親になることができないと規定されている。

A262　④ ：3つの虐待防止法

① 児童虐待防止法では4種類，高齢者虐待防止法と障害者虐待防止法では5種類の虐待を規定している。

② 児童虐待防止法において想定されている加害者は保護者であり，高齢者虐待防止法では養護者と養介護施設従事者等，障害者虐待防止法では養護者（一部，親族を含む），障害者福祉施設従事者等，使用者が想定されている。

③ いずれの法律においても，「虐待を受けたと思われる」者を発見した際には通告することが求められている。

④ いずれの法律においても加害者に対する罰則は規定されていないため，暴行や保護責任者遺棄などの刑事罰が用いられる。

⑤ 高齢者虐待防止法と障害者虐待防止法には養護者の負担軽減のための措置が規定されているが，児童虐待防止法では保護者の負担軽減のための措置などは規定されていない。

Q263 ....□□□

高齢者の福祉について，正しいものを1つ選べ。

① 高齢者に対する福祉の措置の実施者は都道府県である。

② 民間の者や法人は，都道府県知事に届け出ることにより，老人デイサービスセンターを設置できる。

③ 都道府県は老人福祉施設を設置しなければならない。

④ 市町村には老人福祉計画を立てる義務はない。

⑤ 都道府県知事は，高齢者の福祉を図るために特に必要があると認める場合は，後見開始や保佐開始の審判の請求をすることができる。

Q264 ....□□□

高齢者の介護について，正しいものを1つ選べ。

① 地域包括支援センターの設置主体は都道府県である。

② 要介護状態の区分については，都道府県の認定を受けなければならない。

③ 介護保険制度における第2号被保険者とは，65歳以上で介護が必要と認定された者のことである。

④ 地域ケア会議は地域の実状に合わせた社会基盤整備に向けた政策形成機能を有する。

⑤ 要介護認定を行う際には，医師の診断書の提出が必要である。

Q265 ....□□□

高齢者に対する虐待について，正しいものを1つ選べ。

① 虐待を受けたと思われる高齢者を発見したとしても，その高齢者の生命や身体に重大な危険が生じていない場合は，通報する義務はない。

② 高齢者虐待防止法には，虐待行為に対する罰則が規定されている。

③ 高齢者虐待防止法には，高齢者に対する虐待の禁止が規定されている。

④ 養護者ではない高齢者の親族が高齢者に対して身体的な暴行を加えた場合，高齢者虐待にあたる。

⑤ 養護者から虐待を受けた高齢者に対する一時保護は行われていない。

A263　②　：高齢者の福祉

①　高齢者に対する福祉の措置の実施者は市町村である（老人福祉法第5条の4第1項）。

②　国や都道府県以外の者は都道府県に届け出ることで，老人デイサービスセンターや老人短期入所施設，老人介護支援センターを設置できる（老人福祉法第15条2項）。

③　都道府県は老人福祉施設を設置することはできるが，義務ではない（老人福祉法第15条）。

④　市町村は市町村老人福祉計画（老人福祉法第20条の8）を，都道府県は都道府県老人福祉計画（法第20条の9）を立てなければならない。

⑤　後見開始や保佐開始の審判を請求できるのは市町村長である（老人福祉法第32条）。

A264　④　：高齢者の介護

①　地域包括支援センターの設置主体は市町村である。

②　要介護認定は市町村が行う（介護保険法第27条）。

③　第2号被保険者とは40歳から64歳までの者で，老化に関する16の疾患（特定疾患）によって介護が必要になった者である。

④　地域ケア会議には個別課題解決機能，ネットワーク構築機能，地域課題発見機能，地域づくり・資源開発機能，政策形成機能という5つの機能がある。

⑤　要介護認定を行う際には，市町村は身体上または精神上の障害の原因である疾病または負傷の状況等に関する意見を求める（意見書を求める）とされている（介護保険法第27条3項）。

A265　①　：高齢者に対する虐待

①　虐待を受けたと思われる高齢者を発見した者は，「当該高齢者の生命又は身体に重大な危険が生じている場合は」通報しなければならないと規定されている（高齢者虐待防止法第7条，第21条2項）。

②　高齢者虐待防止法には，虐待行為に対する罰則規定はない。

③　高齢者虐待防止法には，高齢者に対する虐待を禁止する規定はない。

④　身体的虐待の加害者は「養護者」または「要介護施設従事者等」であって，高齢者の親族は身体的虐待の加害者に含まれていない。

⑤　養護者からの虐待を受けた高齢者に対して市町村・市町村長は老人短期入所施設に入所させるなどの措置を講じる（高齢者虐待防止法第9条2項）。

Q266　□□□

配偶者からの暴力について，正しいものを1つ選べ。

① 都道府県は配偶者暴力相談支援センターを設置しなければならない。

② 配偶者からの暴力について通報が求められているのは，身体的な暴力のみである。

③ 裁判所は加害者に対して2か月間，被害者の住居や身辺のつきまとい，徘徊を禁止することができる。

④ 配偶者からの暴力が生じている夫婦関係は，常に緊張状態にある。

⑤ 事実婚としての配偶者は，配偶者からの暴力における加害者には含まれない。

Q267　□□□

配偶者からの暴力の防止及び被害者の保護等に関する法律について，正しいものを1つ選べ。

① 離婚後の暴力は，この法律の範囲外である。

② 配偶者の暴力には，身体的暴力とそれに準ずる心身に有害な影響を及ぼす言動の2種類がある。

③ 配偶者暴力相談支援センター(婦人相談所)での一時保護の対象は被害者のみであり，被害者が同伴する子は対象にはなっていない。

④ 加害者に対する子の身辺や学校のつきまといについては，子が18歳以上であれば子本人の同意がなければ禁止できない。

⑤ 保護命令に違反した場合の罰則は規定されていない。

Q268　□□□

ひきこもりとその支援について，正しいものを1つ選べ。

① 30代が他の世代よりも多い。

② 開始段階では，回避と退行が頻繁にみられる。

③ ひきこもりサポーターは公認心理師や精神保健福祉士などの専門職が研修を受け認定される。

④ ひきこもり支援は生活困窮者自立支援法に基づいて行われている。

⑤ 社会との再会段階では，積極的に登校刺激や外出刺激を出すことが求められる。

A266　②：配偶者からの暴力

① 都道府県は婦人相談所などに「配偶者暴力相談支援センターとしての機能を果たす」ようにしなければならないが（配偶者からの暴力の防止及び被害者の保護等に関する法律第3条），センターを設置しなければならないわけではない。

② 配偶者からの暴力の防止及び被害者の保護等に関する法律第6条1項に「配偶者からの暴力（配偶者又は配偶者であった者からの身体に対する暴力）」と規定されている。

③ 住居や身辺のつきまとい，徘徊については6か月間禁止することができる（配偶者からの暴力の防止及び被害者の保護等に関する法律第10条1項1号）。

④ 配偶者からの暴力は，緊張期，爆発期，ハネムーン期という3つの時期に分けられ，ハネムーン期は緊張状態にはない。

⑤ 事実婚における配偶者も加害者に含まれる（配偶者からの暴力の防止及び被害者の保護等に関する法律第1条3項）。

A267　②：配偶者からの暴力の防止及び被害者の保護等に関する法律

① 離婚後であっても，婚姻中の暴力が継続している場合は，適用範囲内である。

② 法第1条1項に規定されている。

③ 配偶者暴力相談支援センターでの一時保護は，子どもなど被害者の同伴家族も対象となる。

④ 子が15歳以上の場合は子本人の同意が必要である。

⑤ 法第29条において，保護命令に違反した場合は1年以下の懲役または100万円以下の罰金に処すと規定されている。

A268　④：ひきこもりとその支援

① ひきこもりは20代が，30代や40代よりも多くなっている。

② ひきこもりには，準備段階，開始段階，ひきこもり段階，社会との再会段階の4つの段階があるが，回避と退行が頻繁にみられるのはひきこもり段階である。

③ ひきこもりサポーターは，専門職でなくても研修を受けて認定されるものである。

④ ひきこもり支援は生活困窮者自立支援法に基づく生活困窮者自立支援制度によって行われている。

⑤ 社会との再会段階では焦って登校刺激や外出刺激を出すことなく，安定した関わりを心がけることが求められる。

Q269 ··· □□□

ひきこもりとその支援について，正しいものを１つ選べ。

① ひきこもりサポーターはひきこもり地域支援センターに所属する専門職である。

② ひきこもりとは社会参加を回避し，３か月以上にわたっておおむね家庭にとどまり続けている状態である。

③ 訪問支援では，ひきこもり当事者を精神科医療につなげることを目的とする。

④ ひきこもり地域支援センターは市町村に設置する。

⑤ ひきこもり段階では性急な社会復帰の要求は避け，見守ることが肝要である。

Q270 ··· □□□

生活困窮者自立支援制度について，正しいものを２つ選べ。

① 住居確保給付金を受けるためには，ハローワークへの求職申込が必須である。

② 精神疾患を有する者は，就労訓練事業の対象にはあたらない。

③ 生活困窮者の子どもの学習支援として，文房具・問題集等の費用給付が行われている。

④ 自立相談支援事業では，総合的なアセスメントを行い，自立支援計画を作成する。

⑤ 就労訓練事業には非雇用型と支援付雇用型の２タイプがある。

Q271 ··· □□□

障害者総合支援法における障害者について，正しいものを１つ選べ。

① 障害者は３種類に分けられる。

② 依存症は精神障害には含まれない。

③ 知的障害は精神障害に含まれる。

④ 社会的障壁とは，障害者の行動を阻害する物理的な要因のことである。

⑤ 障害がある者のうち18歳未満は障害児と呼ばれる。

A269 　⑤ 　：ひきこもりとその支援

① ひきこもりサポーターは，一般の人が研修を受けて認定されるものであり，特別な資格は必要としない。

② 『ひきこもりの評価・支援に関するガイドライン』では6か月以上とされている。

③ 訪問支援の目的は，精神科医療が必要かどうかによって異なる。

④ ひきこもり地域支援センターは都道府県，指定都市に設置される。

⑤ ひきこもり段階では焦らずに見守る一方，適切な支援につなげるような積極的な関与も必要である。

A270 　④と⑤ 　：生活困窮者自立支援制度

① 2020年4月30日からハローワークへの求職申込は必須ではなくなった。

② 就労訓練事業の対象者は，すぐには一般企業等で働くことが難しい者であり，具体的には，ニート，ひきこもり，心身に課題のある者，精神疾患を有する者，生活保護受給者などがあてはまる。

③ 子どもの学習支援では，経済的な支援は行われていない。

④ 自立相談支援事業は総合相談窓口として，総合的なアセスメントや自立支援計画の作成，再アセスメントによる評価・計画の見直しなどを行っている。

⑤ 非雇用型では，訓練計画に基づき事業主の指揮監督を受けない軽作業等を行い，支援付雇用型では，雇用契約を結び比較的軽易な作業を行い，一般就労に向けて準備を行う。

A271 　⑤ 　：障害者総合支援法における障害者

① 障害者は，身体障害，知的障害，精神障害，難病等による障害の4種類に分けられる（法第4条1項）。

② 依存症も精神障害に含まれる。

③ 知的障害は精神障害とは独立した障害である。

④ 社会的障壁とは，障害がある者にとって日常生活または社会生活を営むうえで障壁となるような社会における事物，制度，慣行，観念その他一切のもののことであり（障害者基本法第2条2号），物理的な要因だけではない。

⑤ 18歳以上は障害者として障害者総合支援法による支援，18歳未満は障害児として児童福祉法による支援の対象となる。

Q272
日本における障害者について，誤っているものを１つ選べ。

① 知的障害者福祉法には知的障害及び知的障害者の定義は明記されていない。

② 社会的障壁には，物理的な障害だけでなく，制度や慣習，個人がもつ観念なども含まれる。

③ 身体障害者は身体障害者手帳の交付をもって法律・制度上の身体障害者として認められる。

④ 身体障害者，知的障害者，精神障害者のなかで最も多いのは精神障害者である。

⑤ 精神保健福祉法では，発達障害者は精神障害者に含まれている。

Q273
障害者の福祉について，正しいものを１つ選べ。

① 精神保健福祉法における精神障害には，知的障害や発達障害が含まれる。

② 療育手帳は２年ごとに更新しなければならない。

③ 発達障害者は精神障害者保健福祉手帳の交付を受けることはできない。

④ 知的障害者に対する更生援護は都道府県が行う。

⑤ 身体障害者手帳の交付申請には，医師の診断書が不要である。

Q274
障害者・障害児に対する支援について，誤っているものを１つ選べ。

① 身体障害者手帳，療育手帳，精神障害者保健福祉手帳はいずれか１つしか取得できない。

② 障害児入所施設は児童福祉法に規定された障害児支援に関する施設である。

③ 障害者総合支援法では，障害支援区分が用いられている。

④ 発達障害者支援センターは，都道府県知事が社会福祉法人等のなかから指定してその業務を行わせる。

⑤ 精神障害者保健福祉手帳は２年ごとに認定を受けなければならない。

A272　④　：日本における障害者

①　知的障害や知的障害者の定義は，知的障害者福祉法などの法律には規定されていない。

②　社会的障壁とは，障害がある者にとって日常生活または社会生活を営むうえで障壁となるような社会における事物，制度，慣行，観念その他一切のもののことである（障害者基本法第2条2号）。

③　身体障害者福祉法第4条において，身体障害者は「身体上の障害がある18歳以上の者であって，都道府県知事から身体障害者手帳の交付を受けたもの」と規定されているため，身体障害者手帳の交付をもって，法律・制度上の身体障害者となる。

④　内閣府『障害者白書』によると，最も多いのは身体障害者である。

⑤　発達障害者は精神障害者に含まれている。

A273　①　：障害者の福祉

①　精神保健福祉法における精神障害者とは「統合失調症，精神作用物質による急性中毒又はその依存症，知的障害，精神病質その他の精神疾患を有する者」（第5条）であり，「その他」に発達障害が含まれる。

②　療育手帳は更新の必要はない。

③　発達障害者は精神障害者に含まれることから，精神障害者保健福祉手帳の交付を受けることができる。

④　知的障害者の更生援護は市町村が行う（知的障害者福祉法第9条1項）。

⑤　身体障害者手帳の交付申請には，医師の診断書とその者の障害が別表に掲げる障害に該当するか否かの意見書が必要である。

A274　①　：障害者・障害児の支援

①　条件を満たせば，複数の手帳を取得することは可能である。

②　障害児入所施設は児童福祉法第24条の9から19に規定されている。

③　障害者自立支援法では障害程度区分が用いられていたが，障害者総合支援法では，どの程度支援が必要かという障害程度区分が用いられるようになった。

④　発達障害者支援センターは発達障害者支援法第14条に規定されている。

⑤　精神障害は治るものもあるため，2年ごとに都道府県知事が審査し交付する。

Q275 ··· □□□

障害者・障害児に対する支援について，正しいものを1つ選べ。

① 発達障害者支援センターでは発達障害児の療育を行う。

② 地域定着支援は，精神科病院からの退院者や障害者施設等からの退所者を対象としている。

③ 自立支援医療制度における医療は3つに大別される。

④ 障害児入所施設は身体障害者手帳など手帳を有する児童しか利用できない。

⑤ 自立支援給付の決定は都道府県が行う。

Q276 ··· □□□

発達障害者支援法について，正しいものを1つ選べ。

① 発達障害児に対するインクルーシブ教育の推進が求められている。

② 都道府県は，1歳6か月児健康検査や3歳児健康診査を行うにあたり，発達障害の早期発見に十分留意しなければならない。

③ 発達障害者の家族等への支援については規定されていない。

④ 発達障害者支援地域協議会は，地域の発達障害者に対する支援計画を立案し，実施状況について検証することを目的としている。

⑤ 発達障害者の支援は，発達障害の治療・改善を旨として行われなければならない。

Q277 ··· □□□

障害者総合支援法における自立支援給付として，誤っているものを1つ選べ。

① 自立支援医療

② 技能習得給付

③ 地域相談支援給付

④ 訓練等給付

⑤ 補装具

A275 　③ 　：障害者・障害児の支援

① 発達障害者支援センターでは，療育や教育，支援の具体的な方法について支援計画作成や助言を行うが，療育は行わない。

② 地域定着支援の対象者は居宅において単身等で生活する障害者である。

③ 自立支援医療制度における医療は精神通院医療，更生医療，育成医療の3つに分けられている（もともと分かれていたものが障害者総合支援法により一元化された）。

④ 障害児入所施設は児童相談所・市町村保健センター・医師などにより療育の必要性が認められれば，手帳がなくても利用できる。

⑤ 自立支援給付は市町村が決定する（障害者総合支援法第19条2項）。

A276 　①　：発達障害者支援法

① 法第8条1項において「国及び地方公共団体は，発達障害児（中略）が，その年齢及び能力に応じ，かつ，その特性を踏まえた十分な教育を受けられるようにするため，可能な限り発達障害児が発達障害児でない児童と共に教育を受けられるよう配慮しつつ，適切な教育的支援を行うこと」と規定されている。

② 健康診査を行うのは市町村である。

③ 法第13条に家族等の支援が規定されている。

④ 法第19条の2第2項に「発達障害者支援地域協議会は，関係者等が相互の連絡を図ることにより，地域における発達障害者の支援体制に関する課題について情報を共有し，関係者等の連携の緊密化を図るとともに，地域の実情に応じた体制の整備について協議を行うものとする」と規定されている。

⑤ 法第2条の2第2項に「発達障害者の支援は，社会的障壁の除去に資することを旨として，行われなければならない」と規定されている。

A277 　②　：自立支援給付

① 精神科通院医療，更生医療，育成医療に対して公費負担がなされている。

② 技能の習得に対する給付は行われていない。

③ 障害者の地域生活への移行を進め，地域で安心して暮らすための相談支援が行われている。

④ 機能訓練や生活訓練，就労に関する支援など，障害者が地域で生活を行うために適性に応じて一定の訓練が提供されるサービスである。

⑤ 義肢，補聴器，車いすなど長期間使用することによって身体機能を補う道具に対して，費用の一部を市町村が負担する。

基礎心理学

実験・研究

人体の構造／精神疾患

アセスメント／心理的支援

法律・制度

事例

Q278 ⋯⋯⋯⋯⋯⋯⋯⋯⋯⋯⋯⋯⋯⋯⋯⋯⋯⋯⋯⋯⋯⋯⋯⋯⋯⋯⋯⋯⋯⋯ ☐☐☐

障害者の就労支援について，正しいものを１つ選べ。

① 適応訓練の費用は障害者本人が負担する。

② 障害者雇用促進法には，事業主による障害者に対する差別の禁止を規定している。

③ 就労継続支援事業所Ａ型では，障害者が雇用契約を結ばずに，通所しながら生活支援・就労支援を受ける。

④ 事業主が障害者に対して，過重な負担を伴わないにもかかわらず，合理的配慮を行わなかった場合，罰金等が科せられる。

⑤ 就労アセスメントに基づいて障害者職業センターがサービス等利用計画を作成する。

Q279 ⋯⋯⋯⋯⋯⋯⋯⋯⋯⋯⋯⋯⋯⋯⋯⋯⋯⋯⋯⋯⋯⋯⋯⋯⋯⋯⋯⋯⋯⋯ ☐☐☐

障害者の就労支援について，正しいものを１つ選べ。

① 障害者雇用促進法に定められた障害者の法定雇用には，精神障害者は含まれていない。

② 就労継続支援事業所Ｂ型は障害者と雇用契約を結び，就労支援を行う。

③ 就労移行支援事業所の通所期間は原則３年以内であるが，必要に応じて１年の延長ができる。

④ 就労経験がなく就労継続支援事業所Ｂ型の利用を希望する障害者は，就労アセスメントを受けなければならない。

⑤ ジョブコーチは，就労継続支援事業所における就労について障害者の相談にのったり，助言をしたりする。

Q280 ⋯⋯⋯⋯⋯⋯⋯⋯⋯⋯⋯⋯⋯⋯⋯⋯⋯⋯⋯⋯⋯⋯⋯⋯⋯⋯⋯⋯⋯⋯ ☐☐☐

法定後見制度について，正しいものを１つ選べ。

① 未成年者でも被後見人の希望があれば後見人等になれる。

② 法定後見人は，医療行為への同意や遺言書の作成に関与できる。

③ 欠格事由に該当しなければ，後見人等には特別な資格がなくてもなることができる。

④ 後見人，保佐人，補助人のうち，最も利用されているのは保佐人である。

⑤ 現在十分な判断能力がある者でも，法定後見人等をつけることができる。

A278　②　：障害者の就労支援

① 適応訓練の費用は無料である。

② 事業主による障害者に対する差別の禁止は，障害者雇用促進法第34・35条に規定されている。

③ 就労継続支援事業所A型は，65歳未満の障害者と雇用契約を結び，就労支援を行う。

④ 障害者雇用促進法などにおいて，合理的配慮を行わないことに対する罰則規定は設けられていない。

⑤ サービス等利用計画を作成するのは相談支援事業所である。

A279　④　：障害者の就労支援

① 障害者雇用促進法における障害者の法定雇用には，精神障害者も含まれている。

② 障害者と雇用契約を結ぶのは，就労継続支援事業所A型である。

③ 就労移行支援事業所の通所期間は原則2年以内であり，必要に応じて1年の延長ができる。

④ 50歳以上の者や障害基礎年金受給者を除き，就労経験がなく就労継続支援事業所B型の利用を希望する者は就労アセスメントを受けることが必須とされている。

⑤ ジョブコーチ（職場適応援助者）は，障害者が職場に適応し仕事を遂行するために，障害者本人だけでなく，障害者家族や職場の上司・同僚に対しても支援を行っていく。

A280　③　：法定後見制度

① 民法第847条1号において，未成年は成年後見人（法定後見人）になれない者として規定されている。

② 法定後見人の権限は財産管理行為に限られるため，それとは関わらない医療行為への同意や遺言書への関与，戸籍に関する契約の変更，日用品の買い物や介護などは法定後見人の業務に含まれない。

③ 法定後見人については特に必要な資格は規定されていないため，欠格事由に該当せず，家庭裁判所で認められれば，誰でもなることができる。

④ 最も利用されているのは後見人である。

⑤ 現在十分な判断能力がある者が将来に備えるために選任することができるのは任意後見人であり，法定後見人をつけることはできない。

Q281

成年後見制度について，正しいものを1つ選べ。

① 本人は申し立てすることができない。

② 法定後見人等の費用は市町村が負担する。

③ 法定後見人がつくと，買い物など普段の生活に一定の制限が生じる。

④ 法定後見人は希望すれば誰でもつけることができる。

⑤ 任意後見監督人は家庭裁判所が選任する。

Q282

学校教育法について，正しいものを1つ選べ。

① 教育の機会均等について規定している。

② 幼稚園は学校には含まれない。

③ 子には9年間の普通教育を受ける義務がある。

④ 校長及び教員は，児童等に懲戒を加えることができる。

⑤ スクールカウンセラーについて規定している。

Q283

教育委員会の役割について，正しいものを1つ選べ。

① 経済的理由によって就学困難と認められる学齢児童やその保護者に対して必要な援助を与える。

② 学校運営協議会を設置する。

③ いじめ等を行った児童生徒に対して出席停止を命じる。

④ 各学校について学校安全計画を策定する。

⑤ 感染症にかかっている，あるいはかかっている疑いのある児童生徒を出席停止にさせる。

A281 　⑤　成年後見制度

① 対象者本人も申し立てることができる。

② 法定後見人等の費用は本人の資産から支払われる。

③ 法定後見人がついても，買い物など日常生活に関する行為は制限されない。

④ 法定後見人は，認知症や知的障害などによって判断能力が十分ではない者に対して，家庭裁判所が申し立てを受けて選任するものであり，誰でもつけられるものではない。

⑤ 任意後見監督人は，家庭裁判所からの選任を受けて，任意後見人による保護・支援を監督する者である。

A282 　④　：学校教育法

① 教育の機会均等については，日本国憲法第26条1項や教育基本法第4条1項に規定されているが，学校教育法には規定されていない。

② 学校教育法が規定する学校とは，幼稚園，小学校，中学校，義務教育学校，高等学校，中等教育学校，特別支援学校，大学，高等専門学校である。

③ 保護者は子に9年の義務教育を受けさせる義務を負っているが（法第16条），子に義務は課せられていない。

④ 校長及び教員は，教育上必要があると認めるときは，懲戒を加えることができる（法第11条）。

⑤ スクールカウンセラーは学校教育法施行規則第65条の2に規定されている。

A283 　②　：教育委員会

① 経済的理由による就学困難な児童生徒とその保護者に対する支援は市町村が行う（学校教育法第19条）。

② 学校運営協議会の設置や協議委員の任命を行う。

③ いじめ等を行った児童生徒の出席停止は，児童生徒に対してではなく，児童生徒の保護者に対して命じられる（学校教育法第35条1項）。

④ 学校安全計画は各学校が策定する（学校保健安全法第27条）。

⑤ 感染症に関わる出席停止は校長が行う（学校保健安全法第19条）。

基礎心理学

実験・研究

人体の構造／精神疾患

アセスメント／心理的支援

法律・制度

事例

Q284 □□□

学校保健安全法について，正しいものを1つ選べ。

① 教育委員会は各学校について危険等発生時対処要領を作成しなければならない。

② 学校には保健室を設置しなければならない。

③ 学校では，児童生徒等の身体の健康に関する健康相談を行う。

④ 学校は校区内の新年度就学児を対象とした健康診断を行わなければならない。

⑤ 学校長は，学校職員の健康診断の結果に基づき，治療の指示や勤務の軽減などの適切な措置をとらなければならない。

Q285 □□□

いじめ防止対策推進法について，誤っているものを1つ選べ。

① 児童等はいじめを行ってはならないと規定している。

② 同じクラス内の児童等間で起きた一度きりの暴力行為であっても，いじめに該当することがある。

③ 学校内にいじめの防止等の対策のための組織を置かなければならない。

④ いじめの重大事態には3種類ある。

⑤ 保護者は，子に対していじめを行わないよう規範意識などを養う指導等を行うように努めなければならない。

Q286 □□□

いじめの予防と対応について，正しいものを1つ選べ。

① いじめ防止対策推進法における「学校」には，大学や高等専門学校も含まれている。

② 保護者は自分の子どもがいじめを受けた場合には，子どもをいじめから適切に保護しなければならない。

③ 学校はいじめの発生を予防するために，定期的な調査等の措置を行わなければならない。

④ いじめにより不登校になったと疑われるが，いじめと不登校の因果関係が明らかではない場合，重大事態とは扱わない。

⑤ いじめの防止等の対策のための組織は，学校の教職員で構成する。

A284　②　：学校保健安全法

① 危険等発生時対処要領を作成するのは学校である（法第29条1項）。

② 法第7条において「学校には，健康診断，健康相談，保健指導，救急処置その他の保健に関する措置を行うため，保健室を設けるものとする」と規定されている。

③ 健康相談は児童生徒等の心身の健康に関するものである（法第8条）。

④ 就学時の健康診断を行うのは，市町村の教育委員会である（法第11条）。

⑤ 学校職員の健康診断の結果に基づき，治療の指示や勤務の軽減などの適切な措置をとらなければならないのは，学校の設置者である（法第16条）。

A285　④　：いじめ防止対策推進法

① 法第4条に規定されている。

② いじめ防止対策推進法第2条1項におけるいじめの定義は「児童等に対して，当該児童等が在籍する学校に在籍している等当該児童等と一定の人的関係にある他の児童等が行う心理的又は物理的な影響を与える行為（インターネットを通じて行われるものを含む。）であって，当該行為の対象となった児童等が心身の苦痛を感じているもの」であり，頻度や回数に規定はないため，一度きりの行為であっても，いじめに該当する可能性はある。

③ 法第22条に規定されている。

④ いじめの重大事態は「生命心身財産重大事態」と「不登校重大事態」の2種類である（法第28条1項）。

⑤ 法第9条1項に規定されている。

A286　②　：いじめの予防と対応

① いじめ防止対策推進法における「学校」とは，小学校，中学校，義務教育学校，高等学校，中等教育学校，特別支援学校（幼稚部除く）である（同法第2条2項）。

② 保護者は子どもがいじめを行うことのないよう規範意識を養う指導等を行うとともに（同法第9条1項），いじめを受けたときには適切に保護しなければならない（同法第9条2項）。

③ 学校における定期的な調査等の措置の目的は，いじめの早期発見である（同法第16条1項）。

④ 不登校重大事態は「いじめにより当該学校に在籍する児童等が相当の期間学校を欠席することを余儀なくされている疑いがあると認めるとき」である（同法第28条1項2号）。

⑤ 組織は，学校の複数の教職員，心理，福祉等に関する専門的な知識を有する者その他の関係者で構成する（同法第22条）。

Q287 ··· □□□

不登校について，誤っているものを１つ選べ。

① 不登校とは，病気や経済的な理由を除き，年間30日以上欠席した者をいう。

② 不登校には休養や自分を見つめ直すなどの積極的な意味をもつことがある。

③ 不登校支援の目標は社会的な自立である。

④ 不登校児童生徒への支援とともに，その保護者の個々の状況に応じた働きかけを行うことも重要である。

⑤ 学校は，家庭訪問を行わないことが原則である。

Q288 ··· □□□

特別支援教育について，正しいものを１つ選べ。

① 高等学校でも通級による指導は行われている。

② 障害のある児童生徒の就学先は，最終的には在籍（予定）校の校長が決定する。

③ 発達障害児は特別支援学校には在籍できない。

④ 幼稚園にも特別支援学級を置くことができる。

⑤ 小・中学校の特別支援学級の在籍人数は12名以下である。

解答

A287　⑤ ：不登校

① 文部科学省「児童生徒の問題行動・不登校等生徒指導上の諸課題に関する調査」では，年間30日以上の欠席に加え，不登校を，「何らかの心理的，情緒的，身体的，あるいは社会的要因・背景により，児童生徒が登校しないあるいはしたくともできない状況にある者（ただし，「病気」や「経済的理由」による者を除く。）」と定義している。

② 文部科学省「不登校児童生徒への支援の在り方について（通知）」（2019年10月25日）に明記されている。

③ 同通知に，「学校に登校する」という結果のみを目標とするのではなく，児童生徒が自らの進路を主体的にとらえて，社会的に自立することを目指す必要があるとされている。

④ 同通知に，家庭教育をすべての教育の出発点としてとらえて，個々の状況に応じた働きかけをする必要があるとされている。

⑤ 同通知において，学校は，プライバシーに配慮しつつ，定期的な家庭訪問を実施することが求められている。

A288　① ：特別支援教育

① 2016年に学校教育法施行規則が改正され，高等学校でも通級による指導が行えるようになった（施行規則第140条）。

② 就学先は教育委員会が最終的に決定する。

③ 発達障害児も特別支援学校に在籍できる。

④ 特別支援学級は小学校，中学校，義務教育学校，高等学校，中等教育学校に設置され（学校教育法第81条2項），幼稚園には設置できない。

⑤ 特別支援学級の在籍人数は15名以下である（施行規則第136条）。

Q289 ⋯⋯⋯⋯⋯⋯⋯⋯⋯⋯⋯⋯⋯⋯⋯⋯⋯⋯⋯⋯⋯⋯⋯⋯⋯⋯⋯⋯ □□□

特別支援教育について，正しいものを1つ選べ。

① 特別支援教育は中学校段階まで施される。

② 学校保健安全法に基づいて行われる。

③ 特別支援教育を受けている児童等については，「個別の指導計画」と「個別の教育支援計画」を作成する。

④ 知的な遅れのない発達障害をもつ者は，特別支援学級に在籍することはできない。

⑤ 特別支援教育を担当する教師は，特別支援学校教員免許状を有していなければならない。

Q290 ⋯⋯⋯⋯⋯⋯⋯⋯⋯⋯⋯⋯⋯⋯⋯⋯⋯⋯⋯⋯⋯⋯⋯⋯⋯⋯⋯⋯ □□□

性同一性障害に関わる児童生徒に対する対応として，適切なものを1つ選べ。

① 当該児童生徒から相談を受けた者は，できる限り秘匿とし，その者だけで対応にあたることが望ましい。

② 外見上，他の児童生徒からは当該児童生徒が性同一性障害であることはわからないため，当該児童生徒にはトイレや更衣室などは戸籍上の性に基づいた使用を求めるべきである。

③ 当該児童生徒に対するサポートチームは，既存の組織・会議とは別のものを形成すべきである。

④ 当該児童生徒からの申し出がない限り，性同一性障害者の有無などに関する具体的な調査などを行う必要はない。

⑤ 医療機関への受診は当該児童生徒やその保護者の意向を考慮して，養護教諭が決定する。

A289　③　：特別支援教育

① 特別支援教育は高等学校でも行われている。

② 特別支援教育は学校教育法に規定されている。

③ 特別支援学校や特別支援学級に在籍する児童等だけでなく，通級による指導を受けている児童等についても「個別の指導計画」と「個別の教育支援計画」を作成しなければならない。

④ 知的な遅れのない発達障害児であっても，必要に応じて特別支援学級に在籍することができる。

⑤ 教育職員免許法第3条3項において，特別支援学校の教員は特別支援学校教諭免許状を有していなければならないと規定されているが，同法附則第16項において当分の間，特別支援学校教諭免許状を有していなくても特別支援学校の教諭になれるとされており，特別支援学級担当や通級指導担当については，特別支援学校教諭免許状の必要性については言及されていない。

A290　④　：性同一性障害に関わる児童生徒への対応

① 相談を受けた教職員がひとりで抱え込むことなく，学校内外の「サポートチーム」によって組織的に対応する。

② 学校の状況や本人や家族等の意向を考慮して，職員トイレの使用や保健室での更衣を認めるなどの対応が必要となる。

③ 校内に設置する「支援委員会」は既存の組織・会議と重なる部分もあり，それらを活用することもあり得る。

④ 性自認などについては本人が秘匿しておきたいこともあり得るため，一方的な調査を行うと当該児童生徒の尊厳が侵害されている印象をもつおそれがあることから，積極的にアンケート調査などを行う必要はない。

⑤ 医療機関等への受診は，本人やその保護者等が決定するものである。

※ 文部科学省「性同一性障害や性的指向・性自認に係る，児童生徒に対するきめ細かな対応等の実施について（教職員向け）」より作成。

Q291 ☐☐☐

チーム学校について，<u>誤っているもの</u>を１つ選べ。

① 援助サービスのシステムは４層で構成される。

② 学校のマネジメント機能の強化が求められる。

③ 問題解決を行うコンサルテーションはコーディネーション委員会で行う。

④ マネジメント委員会では，学校経営に関する意思決定を行う。

⑤ 教職員一人ひとりが力を発揮できる職場環境の整備を進めなければならない。

Q292 ☐☐☐

学校における子どもの心のケアについて，<u>誤っているもの</u>を１つ選べ。

① 心のケアの基本は，かかっているストレス因と反対のことをすることである。

② 危機発生後には既存の委員会などをもとにした支援チームで対応する。

③ 医療機関等との連携にあたっては保護者の理解と同意が必要である。

④ 危機発生時の健康観察では，心の症状だけでなく身体症状にも着目することが肝要である。

⑤ 「心の健康」に関する集団指導は，子ども自身の経験からストレスとは何かを知ることから始まる。

A291　①：チーム学校

① 援助サービスのシステムはマネジメント委員会，コーディネーション委員会，個別援助チームの3層で構成されている。

② 優秀な管理職の確保，学校のマネジメント体制の強化，多様な職員で構成される組織のマネジメントを通じて，学校のマネジメント機能の強化が求められている。

③ コーディネーション委員会には，問題解決を行うコンサルテーション，学校・学年レベルの連絡・調整，個別のチーム援助の促進，マネジメントの促進という4つの機能がある。

④ マネジメント委員会では，問題解決・課題遂行，校長の意思の共有，職員の教育活動の管理，組織の設定・活用を行う。

⑤ 人材育成の充実，業務改善の推進，教育委員会等による支援を通して，教職員一人ひとりが力を発揮できる職場環境の整備を進めることが求められる。

※ 中央教育審議会「チームとしての学校の在り方と今後の改善方策について（答申）」より作成。

A292　②：学校における子どもの心のケア

① 座って長時間勉強ばかりしていてストレスがたまったら，運動したり広いところでのんびりしたりするなど，ストレス因と反対のことをすることが有効である。

② 危機発生後には迅速で柔軟な対応が求められるため，「心のケア委員会」のような支援チームを新たに立ち上げることが有効であるとされている。

③ 保護者が無力感や，学校に見捨てられてしまったのではないかという思いを抱かないように，保護者には十分に説明をして，理解と同意を得ることが必要である。

④ 子どもの場合，心の症状が自覚できなかったり，理解できなかったりすることがあり，また心の症状よりも身体症状の方がみられることもあるため，両方に注目することが求められる。

⑤ 「心の健康」に関する集団指導では，ストレスについて知り，自分に合った対処方法を身につけられるように指導する。

※ 文部科学省「学校における子供の心のケア―サインを見逃さないために―」より作成。

Q293 ☐☐☐

子どもの自殺が起きたときの学校での緊急対応について，正しいものを１つ選べ。

① 他の子どもへの影響が沈静化するまで，しばらく休校する。

② 学校再開日からしばらくはケア会議を１日１回以上開催する。

③ クライシス・レスポンス・チームは教育委員会が設置している初期対応に特化した専門家チームである。

④ 保護者会などを開催する際には，事実の説明のみを行い，心のケアなど今後の対応については説明しない。

⑤ 遺族が自殺であったことを公表することを拒んだとしても，校長等は保護者会や記者会見などでは自殺であったという事実を伝えるべきである。

Q294 ☐☐☐

非行少年について，誤っているものを１つ選べ。

① 触法少年とは14歳未満で刑罰法令に触れる行為をした者である。

② 虞犯少年とは将来罪を犯すおそれのある少年のことである。

③ おおむね12歳以上の非行少年に対しては少年院送致が可能である。

④ 虞犯少年とは18歳未満の者である。

⑤ 18歳未満で死刑に相当する罪を犯した非行少年に対しては無期刑を科す。

A293　②　：子どもの自殺が起きたときの緊急対応

① 自殺の影響が学校全体に及ぶと，自殺のリスクのある子どもに連鎖（後追い）する可能性があるため，休校は避け，学校の日常活動を段階的に早期に平常化させることが基本である。

② ケア会議は養護教諭，教育相談担当，スクールカウンセラー，学年主任などで構成され，しばらくは1日1回以上開催し，配慮が必要と考えられる子どもを中心に全体の把握に努める。

③ クライシス・レスポンス・チーム（CRT：危機対応チーム）は，いくつかの県に設置されている初期対応に特化した専門家チームであり，司令部は県精神保健福祉センターで，活動期間は最大3日間に限定されている。

④ 保護者会などでは，事実の説明だけでなく，スクールカウンセラーなどによる心のケアについての講話（心理教育）を行うことが望ましい。

⑤ 保護者会や記者会見での説明は，遺族の意向を確認して行い，遺族が自殺であったことを公表したくない場合は，その意向に沿った説明に努める。

※　文部科学省「子どもの自殺が起きたときの緊急対応の手引き」より作成。

A294　④　：非行少年

① 少年法第3条1項2号で規定されている。

② 少年法第3条1項3号で「将来，罪を犯し，又は刑罰法令に触れる行為をする虞のある少年」と規定されている。

③ 第1種少年院や第3種少年院の収容対象年齢は，「おおむね12歳以上」となっている（少年院法第4条1項）。

④ 少年法における少年は20歳未満の者であるため，虞犯少年も20歳未満である。

⑤ 少年法第51条1項に「罪を犯すとき18歳に満たない者に対しては，死刑をもって処断すべきときは，無期刑を科する」と規定されている。

※　2022年4月に改正少年法が施行され，新たに「特定少年」が設けられるなど，変更が生じるため，最新の情報を確認してください。

Q295 ··· □□□

少年事件の流れについて，正しいものを1つ選べ。

① すべての非行少年は家庭裁判所に送致される。

② 犯行時14歳以上であった少年が，故意の犯罪行為によって被害者を死亡させた場合には，事件を検察官に送致しなければならない。

③ 観護措置は最長4週間まで行うことができる。

④ 検察官に送致された少年は，家庭裁判所で起訴される。

⑤ 犯罪被害者等は，家庭裁判所での少年審判を傍聴することができる。

Q296 ··· □□□

少年事件の手続きとして，誤っているものを1つ選べ。

① 14歳未満で罪を犯した少年は，家庭裁判所に送致される前に児童相談所に送られる。

② 家庭裁判所調査官は家庭裁判所からの命を受けて，審判に付すべき少年について調査を行う。

③ 14歳以上の少年の事件で，死刑や懲役，禁錮にあたる刑が定められている事件については，検察官送致となる。

④ 家庭裁判所から検察官に送致された少年事件であっても，検察官の判断で不起訴とすることができる。

⑤ 虞犯少年であっても，少年院に送致されることがある。

A295　③ ：少年事件の流れ

① 14歳未満の非行少年は家庭裁判所よりも先に児童相談所に送られ，そこで福祉的な支援が必要と判断された場合は，家庭裁判所に送られずに，児童福祉施設等に送られる。

② 被害者を故意に死亡させた場合に検察官送致となるのは，犯行時16歳以上である（少年法第20条2項）。

③ 少年鑑別所での観護措置は原則2週間であり，必要により1回の更新（2週間を加算）をすることができるため，最長4週間である。

④ 地方裁判所または簡易裁判所に起訴される。

⑤ 少年審判は原則非公開であるため，犯罪被害者等であっても傍聴することはできない。

※ 2022年4月に改正少年法が施行され，新たに「特定少年」が設けられるなど，変更が生じるため，最新の情報を確認してください。

A296　④ ：少年事件の流れ

① 14歳未満の非行少年を家庭裁判所よりも先に児童相談所に送ることを，児童相談所の先議権と呼ぶ。

② 調査については，「少年，保護者又は関係人の行状，経歴，素質，環境等について，医学，心理学，教育学，社会学その他の専門的智識特に少年鑑別所の鑑別の結果を活用して，これを行うように努めなければならない」（少年法第9条）とされている。

③ 少年法第20条1項に規定されている。

④ 家庭裁判所から事件送致を受けた検察官は，一定の例外を除き，起訴しなければならない。

⑤ 虞犯少年であっても，少年院送致になることはあり，近年は150名前後が少年院に送致されている。

※ 2022年4月に改正少年法が施行され，新たに「特定少年」が設けられるなど，変更が生じるため，最新の情報を確認してください。

基礎心理学

実験・研究

人体の構造／精神疾患

アセスメント〈心理的支援

法律・制度

事例

Q297 ··· □□□

少年院について，正しいものを1つ選べ。

① 少年院での矯正教育は4つの分野について行われている。

② 少年院に入院中に20歳に達した者は，少年院を退院しなければならない。

③ 実刑判決を受けた少年であっても，少年院に収容されることがある。

④ 少年院では社会復帰支援は行っていない。

⑤ 犯罪傾向が進んでいる少年は第1種少年院に入院させる。

Q298 ··· □□□

保護観察について，正しいものを1つ選べ。

① 心理学などの専門的な知識を有する保護司によって行われる。

② 保護観察の解除は裁判所が決定する。

③ 専門的処遇プログラムは5種類ある。

④ 19歳で保護観察に付された非行少年の保護観察期間は20歳に達するまでである。

⑤ 保護観察の方法には，指導監督と補導援護がある。

A297　③　：少年院

① 矯正教育は，生活指導，職業指導，教科指導，体育指導，特別活動指導の5つが行われている。

② 第1種と第2種は23歳未満まで，第3種は26歳未満までが入院し，また入院中に規定の年齢を超えたとしても，そのまま在院することができる（第4種は年齢制限がない）。

③ 懲役や禁錮の実刑判決を言い渡された16歳未満の者のうち，少年院での矯正教育が有効と認められた少年は少年院に収容されることがある。

④ 少年院では，出院後の生活に向けて，適切な住居を得ることやそこに帰住することを助ける，医療及び療養を受けることを助ける，修学または就労を助ける，などの社会復帰支援を行っている。

⑤ 犯罪傾向が進んだ少年は第2種少年院に収容される。

※ 2022年4月に改正少年法が施行され，新たに「特定少年」が設けられるなど，変更が生じるため，最新の情報を確認してください。

A298　⑤　：保護観察

① 専門的な知識を有する者は保護観察官である。

② 保護観察の解除は保護観察所長が判断する。

③ 専門的処遇プログラムは，性犯罪者処遇プログラム，薬物再乱用防止プログラム，暴力防止プログラム，飲酒運転防止プログラムの4種類である。

④ 非行少年の保護観察期間は原則20歳に達するまでであるが，保護観察期間が2年に満たない場合は，20歳を超えて2年間保護観察に付される。

⑤ 指導監督とは保護観察の枠組みを守らせるための働きかけであり，補導援護とは対象者を支援して立ち直りを図るための働きかけである。

Q299 ··· □□□

　仮釈放者や少年院仮退院者などを対象として，対象者の再犯防止と円滑な社会復帰を目指した国立の施設として，正しいものを1つ選べ。

① 更生保護施設
② 自立更生促進センター
③ 少年鑑別所
④ 地域生活支援センター
⑤ 自立援助ホーム

Q300 ··· □□□

　心神喪失者等医療観察制度について，正しいものを1つ選べ。

① 指定入院医療機関への入院期間は最長3年間である。
② 通院期間中は精神保健観察に付される。
③ 対象者は罪状にかかわらず，心神喪失で不起訴・無罪になった者や心神耗弱で不起訴・刑の減軽を受けた者である。
④ 指定入院医療機関からの退院や医療終了の決定は保護観察所が行う。
⑤ 対象者の処遇は裁判官1名と精神保健審判員2名の合議体で決定する。

A299　②　：社会的処遇

① 更生保護施設は，主に保護観察所からの委託を受けて，住居がない，頼るべき人がいないなどの理由で，直ちに自立することが難しい保護観察または更生緊急保護の対象者を宿泊させ，食事を給与するほか，就職援助，生活指導等を行う施設である。

② 自立更生促進センターは，全国に4施設ある。

③ 少年鑑別所は，家庭裁判所の求めに応じ鑑別対象者の鑑別を行うこと，観護の措置が執られて少年鑑別所に収容される者等に対し，健全な育成のための支援を含む観護処遇を行うこと，地域社会における非行及び犯罪の防止に関する援助を行うことを業務とする法務省所管の施設である。

④ 地域生活支援センターは，高齢または障害のため釈放後直ちに福祉サービスを受ける必要があるものの釈放後行き場のない者を対象に，矯正施設収容中から，矯正施設や保護観察所，福祉関係者と連携して，釈放後から福祉サービスを受けられるように取り組む厚生労働省所管の機関である。

⑤ 自立援助ホームは，何らかの理由で家庭にいられなくなり働かざるを得なくなった，原則として義務教育を終了した20歳未満の児童等に暮らしの場を与える，児童福祉法に規定されている施設である。

A300　②　：心神喪失者等医療観察制度

① 指定入院医療機関への入院期間は定められていない。

② 精神保健観察は，継続的な医療の確保を目的とし，通院状況や生活状況を見守り，必要な指導・助言を行う。

③ 殺人や放火など重大な他害行為に限られる。

④ 退院や医療終了は，地方裁判所が決定する。

⑤ 合議体は裁判官1名と精神保健審判員1名の2名で構成されている。

Q301 .... □□□

心神喪失者等医療観察制度について，正しいものを1つ選べ。

① 心神耗弱により不起訴または刑を軽減する旨の確定裁判を受けた者は，医療観察制度の対象にはならない。

② 対象者には，生活環境の調整や地域社会における処遇のコーディネートを担当する保護司がつく。

③ 精神保健審判員は，その職務を行うのに必要な学識経験を有する医師から選任する。

④ 入院によらない医療は原則3年間であり，必要に応じて1年以内に限り延長ができる。

⑤ 指定医療入院機関への入院を継続させる必要がないと判断された場合，保護観察所が退院の許可を出す。

Q302 .... □□□

司法面接について，正しいものを1つ選べ。

① 審議の過程において裁判官によって証人に対して行われる面接である。

② 量刑を判断するために被告人に対して行う面接である。

③ 検察官が示した証言が虚偽または誘導によるものであるかを判断するための面接である。

④ 子どもに対して出来事に関する事実を聴き取るために行われる面接である。

⑤ 弁護士が拘置所内にいる被告人に対して行う面接である。

Q303 .... □□□

司法面接について，正しいものを1つ選べ。

① 必要に応じて何度も行うことが求められる。

② 子どもがうまく表現できないことは，面接者が適切に言い換える。

③ 司法面接の目的は，犯罪の被害に遭ったり犯罪を目撃したりした子どもの心理的ケアである。

④ 保護者の同席・立ち合いは認められない。

⑤ クローズド質問を多用する。

A301　③：心神喪失者等医療観察制度

①　心神耗弱により不起訴または刑を軽減する旨の確定裁判を受けた者も，医療観察制度の対象となる。

②　対象者には，社会復帰調整官（保護観察官）がつく。

③　精神保健審判員の職務を行うのに必要な学識経験を有する医師を精神保健判定医と呼び，厚生労働大臣は毎年，精神保健判定医の名簿を最高裁判所に提出しなければならない。

④　延長は2年以内である。

⑤　退院の許可は，裁判官と精神保健審判員の合議体で決定する。

A302　④：司法面接

①　司法面接に該当しない。

②　司法面接に該当しない。

③　司法面接に該当しない。

④　子どもや高齢者などに対して出来事の事実の聴取を目的としてできるだけ1回に限って行われる面接である。

⑤　司法面接に該当しない。

A303　④：司法面接

①　対象者（子どもなど）の負担を最小限にするため，特定の事柄について1回だけ面接を行う。

②　言い換えることで誘導につながるおそれがあるため，言い換えは行わない。

③　司法面接の目的は，出来事に対する事実の聴取であり，カウンセリングなどとは異なる。

④　保護者が同席・立ち合いすることで，事実が話されなかったりする可能性があるため，認められない。

⑤　オープン質問を多用する。

※　北大司法面接ガイドライン（NICHD北大ガイドライン）より作成。

基礎心理学

実験・研究

人体の構造／精神疾患

アセスメント／心理的支援

法律・制度

事例

Q304

裁判員裁判について，正しいものを1つ選べ。

① 対象は殺人罪など一定の重大な犯罪に対する地方裁判所での第一審のみである。

② 裁判員9名による多数決で判決を決定する。

③ 65歳以上の者は裁判員を辞退できる。

④ 裁判員には日当は支払われるが，交通費は支払われない。

⑤ 弁護士である者は当該裁判に関係がなければ，その裁判の裁判員になれる。

Q305

親権について，正しいものを1つ選べ。

① 親権停止の期間は3年間である。

② 子が18歳以上の場合，離婚後にどちらを親権者にするか意見を聴かなければならない。

③ 親権停止に際して，一時的に児童相談所長が親権者になることができる。

④ 親権喪失となった者は親権を回復することはできない。

⑤ 未成年の子がいる夫婦は，子の親権者を決めなくても離婚できる。

Q306

親権について，正しいものを1つ選べ。

① 親権停止の期間に達しても，その原因が解消しない場合は，その期間を延長することができる。

② 児童相談所長は親権喪失や親権停止を家庭裁判所に申し立てることができる。

③ 親権喪失か親権停止かは，親権者の子に対する関わりの不適切さの程度によって決定する。

④ 親権は公共の福祉のために行使されるものである。

⑤ 子が15歳以上の場合，子に離婚後の親権を単独親権にするか共同親権にするかの意見を求めなければならない。

A304　①　：裁判員裁判

① 重大な犯罪に該当しない犯罪の第一審や，第二審以上では裁判員裁判は行われない。

② 裁判官3名と裁判員6名の多数決で判決を決定する。

③ 裁判員の参加する刑事裁判に関する法律（裁判員法）第16条1号には辞退事由が規定されており，年齢については，70歳以上の者は辞退できるとされている。

④ 裁判員には日当と交通費，宿泊費などが支給される。

⑤ 裁判員法第15条1項には就職禁止事由が規定されており，国会議員や国務大臣，裁判官・検察官・弁護士である者／あった者などは裁判員になれないとされている。

A305　③　：親権

① 親権停止の期間は2年以内である。

② 子の意見を聴かなければならないのは，15歳以上である。

③ 適切な未成年後見人が見つかるまで，児童相談所長が親権者になることができる。

④ 裁判所に申し立てて，親権喪失となった原因が消失したと判断されれば，親権を回復することができる。

⑤ 未成年の子がいる夫婦は，子の親権者をいずれかに決めない限り，離婚は認められない。

A306　②　：親権

① 親権停止は延長できないため，親権停止の期間に達しても原因が消滅しない場合は，再度親権停止を申し立てる必要がある。

② 児童相談所長による親権喪失や親権停止の申し立てについては，児童福祉法第33条の7に規定されている。

③ 親権喪失と親権停止の違いは，親権の行使が困難または不適当であるとする原因が，2年以内に消失するかどうかである。

④ 民法第820条に，「親権を行う者は，子の利益のために子の監護及び教育をする権利を有し，義務を負う」と規定されている。

⑤ 子が15歳以上の場合，離婚後の親権者を父母のどちらにするかについて子の意見を聞かなければならないとされているが，単独親権か共同親権かについて尋ねることはない（日本では離婚後は単独親権となる）。

Q307 ·· □□□

離婚制度について，正しいものを1つ選べ。

① 回復し難い強度の身体障害は，離婚を認める事由となり得る。

② 調停離婚の際，調停委員は夫婦双方の意見を聞き，どちらに離婚の原因があるのかを明らかにする。

③ 未成年の子がいる夫婦が協議離婚をする際に，養育費や面会交流のあり方については定める必要がない。

④ 協議離婚は全離婚件数の約半数を占めている。

⑤ 調停離婚において合意の成立が困難な場合，家庭裁判所調査官が調停に立ち会ったり事実調査を行ったりすることで，争点整理などを図ることができる。

Q308 ·· □□□

労働基準法について，正しいものを1つ選べ。

① 労働基本権（三権）について具体的に規定している。

② 休憩時間をいつ，どのように与えるかは使用者が決定できる。

③ 法定労働時間を超えた労働や法定休日での労働については，事前に労働組合と使用者との協定によって行うことができる。

④ 有期契約は原則2年を超えて結ぶことはできない。

⑤ 使用者は，労働者が女性であることを理由に，賃金や昇進，職種などについて，男性と差別的な取り扱いをしてはならない。

A307 　⑤ 　：離婚制度

① 民法第770条１項では，配偶者の不貞行為，配偶者からの悪意の遺棄，配偶者の３年以上の生死不明，回復し難い強度の精神病，その他婚姻を継続し難い重大な事由があるときには，離婚の訴えを提訴できるとしており，重大な身体障害はこれに含まれない。

② 調停委員の役割は，夫婦双方の意見を聞き，親権や財産分与，養育費，面会交流などの条件について，双方が合意できるような提示をし，合意を働きかけることであり，離婚原因を突き止める役割はない。

③ 民法第766条に「父母が協議上の離婚をするときは，子の監護をすべき者，父又は母と子との面会及びその他の交流，子の監護に要する費用の分担その他の子の監護について必要な事項は，その協議で定める」とあり，面会交流や養育費などを定めることが求められている。

④ 協議離婚は全離婚件数の80％強を占めている。

⑤ 家庭裁判所調査官は裁判官の指示に基づき，調停に立ち会ったり，事実調査を行い，争点の整理や事実確認，心理的な調整を図る。

A308 　③ 　：労働基準法

① 労働基本権（三権：団結権，団体交渉権，争議権）を具体的に規定しているのは，労働組合法である。

② 休憩は，労働が６時間を超える場合には45分以上，８時間を超える場合には少なくとも１時間以上は与えなければならず，労働時間の途中で一斉に与え，自由に利用させなければならない。

③ 労働基準法第36条に規定されているため，労働組合と使用者との協定は，36（サブロク）協定と呼ばれている。

④ 有期契約は３年を超えて結ぶことはできない。

⑤ 労働基準法では賃金について男女で差別的な取り扱いをしてはならないと規定しているが，昇進や職種の男女による差別的な取り扱いについては規定していない。

基礎心理学

実験・研究

人体の構造／精神疾患

アセスメント／心理的支援

法律・制度

事例

Q309 ────────────────────────────────── □□□

職場におけるハラスメントについて，正しいものを1つ選べ。

① 妊娠している女性労働者に対して休憩を促す行為もハラスメントに含まれる。

② 妊娠・出産等に関する「状態への嫌がらせ型」は女性労働者だけでなく男性労働者も対象となる。

③ パワーハラスメントは6つの類型に分けられる。

④ 事業主によるセクシュアルハラスメント防止措置は努力義務である。

⑤ 妊娠・出産等に関するハラスメントとは，同僚・上司からの妊娠，出産，出産・育児休業制度利用に関する言動によって精神状態が悪化することである。

Q310 ────────────────────────────────── □□□

職場における妊娠・出産等に関するハラスメントについて，正しいものを1つ選べ。

① 妊娠・出産した女性労働者に対する不快な言動などのことであり，育児休業等を取得した男性労働者に対するものは含まない。

② 男女雇用機会均等法では，妊娠・出産等に関するハラスメント防止のために雇用管理上必要な措置を事業主に義務づけている。

③ 業務上の必要性があったとしても，妊娠・出産に関する発言をすることは，ハラスメントにあたる可能性がある。

④ 男女雇用機会均等法では，妊娠，出産，産休取得を理由とする解雇等不利益な取り扱いを禁じているが，育休取得を理由とする不利益な取り扱いについては禁じていない。

⑤ 妊娠・出産等に関するハラスメントには対価型と環境型がある。

Q311 ────────────────────────────────── □□□

パワーハラスメントについて，正しいものを1つ選べ。

① パワーハラスメントは上司から部下に対して行われるものであり，同僚の間では生じない。

② パワーハラスメントに関する規則等を作成する場合には，労働者の意見を考慮する必要はない。

③ 職務上の地位に限らず，業務上必要な知識や経験も優越的な関係の要素となる。

④ パワーハラスメントは事業場内で行われる行為であり，事業場外で行われた行為は含まない。

⑤ 事業者に対してパワーハラスメントを防止するための雇用管理上の措置を行うことが努力義務とされている。

A309　③：職場におけるハラスメント

① 休憩を促すことは体調に配慮した行為であるためハラスメントには含まれない。
② 「状態への嫌がらせ型」は女性労働者だけが対象となる。
③ 身体的な攻撃，精神的な攻撃，人間関係からの切り離し，過大な要求，過小な要求，個の侵害の6つである。
④ 男女雇用機会均等法第11条において事業主の義務とされている。
⑤ 精神状態の悪化ではなく，就労環境が害されることを指す。

A310　④：職場における妊娠・出産等に関するハラスメント

① 妊娠・出産等に関するハラスメントとは「職場において行われる上司・同僚からの言動（妊娠・出産したこと，育児休業等の利用に関する言動）により，妊娠・出産した女性労働者や育児休業等を申出・取得した男女労働者等の就業環境が害されること」とされている。
② 男女雇用機会均等法ではなく，育児・介護休業法で規定されている。
③ 業務上の必要性がある場合，妊娠・出産に関わる発言であってもハラスメントに該当しないこともある。
④ 育休取得を理由とする不利益な取り扱いについて禁じているのは，育児・介護休業法である。
⑤ 妊娠・出産等に関するハラスメントの分類は「状態への嫌がらせ型」と「制度等の利用への嫌がらせ型」である（対価型と環境型はセクシュアルハラスメントの分類である）。

A311　③：パワーハラスメント

① 知識や経験などにおいて優越的な関係が生じるのであれば，同僚間でもパワーハラスメントは生じ得る。
② ハラスメントに関する規則等を作成する際には，労働者（の代表）の意見を聞き，その意見を考慮して作成する。
③ 優越的な関係には，職務上の地位だけでなく，同僚または部下による言動で，当該言動を行う者が業務上必要な知識や豊富な経験を有しており，当該者の協力を得なければ業務の円滑な遂行を行うことが困難な場合も含まれる。
④ 事業場外であって，職務に関わる場合は，「職場」に含まれ，パワーハラスメントに該当する。
⑤ 努力義務ではなく，義務である。

Q312 ·· □□□

過労死等について，正しいものを１つ選べ。

① 精神障害に関わる労災支給決定（認定）件数は近年増加傾向にある。

② 過労死等には心身症も含まれる。

③ 勤務問題を原因・動機のひとつとする自殺者は，40歳台が突出して多い。

④ 過労死等防止対策推進法では，事業主に対して過労死等を防止するための措置を義務づけている。

⑤ 脳・心臓疾患の労災請求件数が最も多い業種は運輸業・郵便業である。

Q313 ·· □□□

過労死等の対策について，正しいものを１つ選べ。

① １か月あたり60時間以上時間外労働を行うことは，労働者の健康に悪影響を与えるとされている。

② 過労死等防止対策推進法では，ワークライフバランスの実現が掲げられている。

③ 業務に関するミスを自ら責めて自殺した場合も過労死等に含まれる。

④ 過労死等防止対策推進法では過労死等が生じないよう，雇用管理上の必要な措置を事業者に講じるように義務づけている。

⑤ 事業者は月100時間超の時間外労働などを行う労働者の情報を産業医に提供しなければならない。

A312　⑤：過労死等

①　労災請求件数は増加しているが，支給決定（認定）件数は年500件前後にとどまっている。

②　過労死等には心身症は含まれない。

③　勤務問題を原因・動機のひとつとする自殺者の内訳は，20歳台，30歳台，40歳台，50歳台がいずれも20～30％となっており，40歳台が突出して多いとはいえない。

④　過労死等防止対策推進法には，事業主に過労死等を防止するための措置を求める規定はない。

⑤　脳・心臓疾患では運輸業・郵便業が最も多く，精神疾患では医療・福祉が最も多い（その他を除く）。

A313　②：過労死等対策

①　厚生労働省「過労死等防止対策パンフレット」によると，1か月あたり80時間を超える時間外労働・休日労働が認められると，業務と発症との関連性が強いとされている。

②　過労死等防止対策推進法第1条に「過労死等がなく，仕事と生活を調和させ，健康で充実して働き続けることのできる社会の実現に寄与することを目的とする」と規定されている。

③　過労死等防止対策推進法では，過労死等を，（1）業務における過重な負荷による脳血管疾患・心臓疾患を原因とする死亡，（2）業務における強い心理的負荷による精神障害を原因とする自殺による死亡，（3）死亡には至らないが，これらの脳血管疾患・心臓疾患・精神障害，の3種類に分類している（法第2条）。

④　過労死等防止対策推進法では，事業者に対する義務などは規定されていない。

⑤　労働安全衛生規則第14条の2第1項2号において，時間外・休日労働時間が1月あたり80時間を超えた労働者の氏名や超過時間に関する情報を，事業者は産業医に提供しなければならないとされている。

基礎心理学

実験・研究

人体の構造／精神疾患

アセスメント／心理的支援

法律・制度

事例

Q314 ☐☐☐

心理的負荷による精神障害の認定基準について，正しいものを１つ選べ。

① 認定要件は，発症のおおむね３か月前に業務による強い心理的負荷が認められるものである。

② 出来事別労災決定で最も多かった具体的出来事は，長時間の時間外労働である。

③ 主治医の意見をもとに認定要件を満たすか否かを判断する。

④ 主にICD-10におけるF2からF4に分類される精神障害が対象である。

⑤ 心理的負荷が「弱」の出来事が複数生じている場合には，全体として心理的負荷は「中」または「強」と評価する。

Q315 ☐☐☐

産業保健について，正しいものを１つ選べ。

① 常時30名以上の労働者を使用する事業場は，産業医を選任しなければならない。

② 産業医は労働者の心身の不調に対して診断及び治療をする。

③ 労働者の健康障害の防止や健康の保持増進に関する重要事項については衛生委員会で調査審議され，事業者に意見が出される。

④ 衛生管理者とは，労働衛生に関する専門的な知識を有して，教育研修の企画や相談対応を行う事業場外スタッフである。

⑤ 職場環境の改善には４つのステップがある。

A314 ④ ：心理的負荷による精神障害の認定基準

① 発症のおおむね6か月前である。

② 最も多かった具体的出来事は「上司とのトラブルがあった」である（厚生労働省「令和元年度版 過労死等防止対策白書」より）。

③ 認定要件を満たすのは，労働基準監督署長が認定した事実と主治医の診断の前提となっている事実が矛盾なく合致し，心理的負荷が「強」に該当する場合である。

④ 気分障害や心的外傷後ストレス障害（PTSD）などであり，器質性の疾患や有害物質に起因するもの，心身症などは含まない。

⑤ 心理的負荷が「弱」の出来事が複数生じている場合は，原則として全体評価も「弱」となる。

A315 ③ ：産業保健

① 産業医を選任しなければならないのは，常時50名以上の労働者を使用する事業場である。

② 産業医は労働者に対する診断，治療，投薬は行わない。

③ 衛生委員会は労働安全衛生法第18条に規定されており，労働者の健康障害を防止するための基本的対策や労働者の健康の保持増進を図るための基本的対策について，調査審議し，事業者に対して意見を述べるものであるとされている。

④ 衛生管理者とは常時50名以上の労働者を使用する事業場で選任される事業場の職員であり，労働安全衛生法第12条に規定されている。

⑤ 厚生労働省「職場における心の健康づくり」には職場環境の改善として，職場環境等の評価，職場環境等のための組織づくり，改善計画の立案，対策の実施，改善の効果評価と改善活動の継続，という5つのステップが示されている。

Q316 □□□

職場における心の健康づくりについて，正しいものを1つ選べ。

① 日常的な職場環境の把握は，管理監督者が行う。

② すべての事業場は，産業医を1名選任しなければならない。

③ 事業者は，労働者の健康の保持増進を図るために必要な措置を継続的かつ計画的に講じなければならい。

④ 地域産業保健センターは，労働者が50名未満の事業場であれば，大企業の支店等でも利用できる。

⑤ 産業医は週1回作業場等を巡視しなければならない。

Q317 □□□

産業医の位置づけと役割について，誤っているものを1つ選べ。

① 事業者は，産業医が辞任したときには，そのことを衛生委員会等に報告しなければならない。

② 時間外・休日労働時間がひと月あたり80時間を超えた労働者がいた場合，事業者は産業医にその労働者の氏名等を報告しなければならない。

③ 産業医は事業者や総括安全衛生管理者に対して意見を述べる権限を有する。

④ 産業医が事業者に対して労働者の健康管理等に関する勧告を行った場合，産業医はその勧告の内容や勧告を踏まえて講じられた措置の内容について記録し，保存しなければならない。

⑤ 産業医は，産業医学の専門的立場から，事業者等からの独立性や中立性をもって職務を行わなければならない。

A316　① ：職場における心の健康づくり

① 日常的な職場環境の把握は，管理監督者が中心となって行うラインによるケア活動のひとつである。

② 労働者が50名未満であれば産業医を選任する必要はなく，50〜3000名の労働者がいる事業場は1名，3001名以上の労働者がいる事業場では2名の産業医を選任しなければならない。

③ 労働安全衛生法第69条1項において，労働者の健康の保持増進を図るため必要な継続的かつ計画的な措置を講じることは，事業者の努力義務である。

④ 地域産業保健センターは労働者50名未満の小規模事業場に対して産業保健サービスを無料で提供しているが，大企業の支店などは，労働者が50名未満であっても対象外となっている。

⑤ 産業医は少なくとも毎月1回作業場等を巡視し，作業方法や衛生状態に有害のおそれがあるときは，直ちに労働者の健康障害を防止するため必要な措置を講じなければならない。

A317　④ ：産業医

① 労働安全衛生規則第13条4項に「事業者は，産業医が辞任したとき又は産業医を解任したときは，遅滞なく，その旨及びその理由を衛生委員会又は安全衛生委員会に報告しなければならない」と規定されている。

② 労働安全衛生規則第14条の2第1項2号に規定されている。

③ 労働安全衛生規則第14条の4第2項1号に規定されている。

④ 産業医からの勧告の内容や勧告を踏まえて講じた措置の内容については，事業者が記録し，3年間保存しなければならない（労働安全衛生規則第14条の3第2項）。

⑤ 産業医は，労働者の労働管理等を行うのに必要な医学に関する知識に基づいて，独立性と中立性をもって誠実にその職務を行わなければならない。

※ 厚生労働省「『産業医・産業保健機能』と『長時間労働者に対する面接指導等』が強化されます」より作成。

Q318 ·· □□□

ストレスチェック制度について，正しいものを1つ選べ。

① ストレスに対して脆弱さを示す者を抽出することができる。

② 常時50名以上の労働者を使用する全事業場で年1回実施することが義務づけられている。

③ 実施できるのは医師，保健師，精神保健福祉士である。

④ 事業者は高ストレス者に産業医による面接指導を受けさせなければならない。

⑤ 労働者が自身のメンタルヘルスの状態を把握するために行うものであり，職場環境の改善など他の目的で使用してはならない。

Q319 ·· □□□

ストレスチェック制度について，正しいものを1つ選べ。

① ストレスチェックは衛生委員会が実施者を通して行う。

② 高ストレス者の決定は実施者が行う。

③ 事業者は高ストレス者の面接指導の結果等に関する記録を5年間保存しなければならない。

④ 高ストレス者に対する面接指導を通して行う当該労働者の就労区分は4つである。

⑤ ストレスチェック制度の目的は，精神疾患を有する労働者の抽出である。

Q320 ·· □□□

心の健康問題により休業した労働者の職場復帰支援について，正しいものを1つ選べ。

① 正式な職場復帰が決定したのち，試し出勤制度を利用して，職場復帰の準備をする。

② 労働者が心の健康問題で休業した時点から，職場復帰支援プランの作成を始める。

③ 最終的な職場復帰の決定は産業医が行う。

④ 職場復帰支援は職場復帰後のフォローアップを含め5つのステップで行われる。

⑤ 休業中の労働者と接触することは避けるべきである。

A318　②　：ストレスチェック制度

① ストレスチェックの目的は，労働者が自分のストレス状態を理解することであり，ストレスに対する脆弱さを示す者を抽出することではない。

② ストレスチェック制度は労働安全衛生法第66条の10第1項に規定されている「心理的な負担の程度を把握するための検査」のことであり，労働安全衛生規則第52条の9において，常時50名以上の労働者を使用する事業場では1年以内ごとに1回実施しなければならないと規定されている。

③ ストレスチェックの実施者は，医師，保健師，一定の研修を修了した看護師，精神保健福祉士，公認心理師，歯科医師である。

④ 高ストレスと認定された労働者からの申し出があった場合には，事業者は医師による面接指導を受けさせなければならないが，事業者が労働者に面接指導を受けることを強制することはできない。

⑤ ストレスチェックの結果を集団分析することで，職場環境の改善が図られることが期待されている。

A319　③　：ストレスチェック制度

① ストレスチェックは事業者が実施者を通して行うものである。

② 高ストレス者の決定は事業者が行う。

③ ストレスチェック結果の記録も事業者が5年間保存しなければならない。

④ 就労区分は「通常勤務」「就労制限」「要休業」の3区分である。

⑤ ストレスチェック制度の目的は，労働者自身によるストレス状況の気づきや高ストレス者の早期発見を通して，労働者のメンタルヘルス不調を未然に防止する一次予防である。

A320　④　：心の健康問題により休業した労働者の職場復帰支援

① 試し出勤制度は，正式な職場復帰が決定する前に利用を始める。

② 職場復帰支援プランは，事業場内産業保健スタッフ等によって職場復帰が可能と判断されてから作成する。

③ 最終的な職場復帰は事業者が決定する。

④ 厚生労働省「改訂　心の健康問題により休業した労働者の職場復帰支援の手引き」には，職場復帰支援には，病気休業開始及び休業中のケア，主治医による職場復帰可能の判断，職場復帰の可否の判断及び職場復帰支援プランの作成，最終的な職場復帰の決定，職場復帰後のフォローアップ，という5つのステップが示されている。

⑤ 休業中の労働者との接触は望ましい結果をもたらすこともあるため，本人の意向も踏まえて，接触し，相談を受けたり情報提供を行ったりする。

Q321 .... □□□

心の健康問題により休業した労働者の職場復帰支援について，正しいものを1つ選べ。

① 職場復帰支援に際して，個々の労働者ごとに具体的な職場復帰支援プログラムを作成する。

② 職場復帰の可否を判断するため，事業者は産業医から意見収集を行う。

③ 主治医による診断書では，職場で求められる業務遂行能力の回復についての判断がなされている。

④ 最終的な職場復帰の決定に向けて，産業医は「職場復帰に関する意見書」を作成する。

⑤ 職場復帰支援は，労働者から事業者に対して職場復帰の意思が伝えられたときに始まる。

Q322 .... □□□

事業場における治療と仕事の両立支援について，正しいものを1つ選べ。

① 主治医や産業医等の意見を勘案し，就業の継続や具体的な就業上の措置，治療に対する配慮などは管理監督者が検討する。

② 入院等による休業を要さないと判断された場合，両立支援プランを策定し，プランに基づいて就業上の措置や治療への配慮を実施する。

③ 治療と仕事の両立支援は，疾病をもつ労働者の主治医からの申し出から始まる。

④ 治療と仕事の両立支援に向けて，事業者は病気休暇のような休暇制度や時差出勤のような勤務制度を導入しなければならない。

⑤ 主治医等が就業困難であると判断した場合であっても，労働者本人が就業継続を希望していれば，事業者は就業禁止の措置はとれない。

A321　④　：心の健康問題により休業した労働者の職場復帰支援

① 個々の労働者ごとに作成するのは職場復帰支援プランである。

② 職場復帰の可否を判断する際には，産業医等が主治医から意見収集を行う。

③ 主治医による診断書の内容は，症状の回復程度によって職場復帰の可能性を判断しているものであり，業務遂行能力の回復までを判断しているとは限らない。

④ 意見書には，復職の可否や意見，就業上の配慮の内容などを記載する。

⑤ 職場復帰支援は，労働者の休業開始時から始まる。

A322　②　：事業場における治療と仕事の両立支援

① 管理監督者ではなく，事業者が行う事項である。

② 両立支援プランには，治療・投薬等の状況及び今後の治療・通院の予定，就業上の措置及び治療への配慮の具体的内容及び実施時期・期間，フォローアップの方法及びスケジュールを盛り込むことが望ましいとされている。

③ 両立支援は，労働者自身からの申し出から始まる。

④ 休暇制度や勤務制度の導入が求められているが，義務化されてはない。

⑤ 主治医や産業医等の医師が，労働のため病勢が著しく増悪するおそれがあるとして就業継続は困難であると判断した場合には，事業者は，労働安全衛生法第68条に基づき，就業禁止の措置をとることができる。

※ 厚生労働省「事業場における治療と仕事の両立支援のためのガイドライン」（2020年3月改定版）より作成。

基礎心理学

実験・研究

人体の構造／精神疾患

アセスメント／心理的支援

法律・制度

事例

第6部

事　例

Q323

小学5年生の男児Aと男児B。2人は同じクラスで学んでおり，知能検査の結果もほぼ同程度である。しかし，男児Aの学業成績が良好であるのに対し，男児Bの学業成績は平均以下である。6年生に進級した際，担任の教師が変わった。その教師は映像教材やIT機器を多用した授業を展開した。その後，男児Aの学業成績は徐々に低下していったが，男児Bの学業成績は上昇していった。

このような現象を表す用語として，適切なものを1つ選べ。

① ピグマリオン効果

② プラセボ効果

③ ソシオメトリー

④ ハロー効果

⑤ 適性処遇交互作用

Q324

Aは多語文を話すことができ，犬を見ても，「ワンワン」などと表現せずに，「犬」と言うことができる。おままごとをしたり，テレビで見たキャラクターを描いたりしようとする。物事の大小や長短も理解できているが，底が広く背の低いコップと底が狭く背の高いコップに同じ量のジュースを入れると，必ず底が小さく背の高いコップを選ぶ。Aの知的能力は標準的であり，対人的なコミュニケーションなどに困難はみられない。

Aの発達段階として，適切なものを1つ選べ。

① 感覚運動期

② 前操作期

③ 潜伏期

④ 具体的操作期

⑤ 形式的操作期

A323　⑤　：教授・学習

① ピグマリオン効果とは，教師が児童生徒に対してポジティブな期待を抱いて接すると，児童生徒がその期待に沿った変化を示す現象であるが，本事例ではそのような期待や変化は示されていない。

② プラセボ効果（プラシーボ効果，偽薬効果）とは，本来薬としての効果をもたない物質を用いたにもかかわらず，効果がみられる（症状の改善がみられる）現象である。服用者の思い込みによるものとされているが，本事例には合致しない。

③ ソシオメトリーとは，J. L. Morenoによって提唱された社会的集団の構造と機能に関する理論であり，ソシオメトリックテストなどを用いて，集団成員間の心理的・感情的作用から集団の構造などを把握しようとしたものである。本事例には合致しない。

④ ハロー効果とは，個人のある部分が優れていることによって，その個人全体を高く評価する現象であるが，本事例には合致しない。

⑤ A児は5年生時の担任の教授法には適応していたが，6年生時の担任の映像機器やIT機器を多用した教授法には適応できず成績が低下し，B児はその反対の傾向を示した。適性処遇交互作用とは，教授法の効果が教授法と学習者の特性との組み合わせによって規定される現象のことであり，本事例に合致する。

A324　②　：J. Piagetの認知発達

① 感覚運動期では，多語文を話したり，延滞模倣をしたりすることはできない。

② 延滞模倣ができるようになっていたり，「犬」という概念を用いることができているようになっていたりする一方，保存が獲得できていないことから，前操作期であると考えられる。

③ 潜伏期は，S. Freudの心理性的発達段階の一段階であり，児童期・学童期に相当する。知的発達に関わる理論でもないため，本事例には合致しない。

④ 具体的操作期では保存が獲得されるようになるが，本事例ではまだ保存が獲得されていないため，具体的操作期とは言い難い。

⑤ 具体的操作期にも達していないと考えられ，抽象的な思考ができている様子も読み取れないため，形式的操作期にはあたらない。

問題

Q325 ☐☐☐

満1歳の男児Aを対象にストレンジ・シチュエーション法を行った。Aは入室時から用心深さを示し，探索行動はほとんどみられなかった。母親との分離場面では非常に強い不安や混乱を示した。母親との再会場面では，母親に対する身体的接触を強く求めていく一方，母親に対する怒りも示し，母親を叩く様子も観察された。怒りや苦痛は母親との身体的接触ではなかなかなだめられなかった。

Aの様子から推測されるAの母親の養育態度について，最もあてはまるものを1つ選べ。

① Aの要求に対する敏感さが低く，Aの要求よりも母親の気分や都合にあわせた対応をすることが多い。
② Aの要求に対応することなく，ほとんどAの養育を行っていない。
③ Aの要求に対して敏感に反応し，Aへの愛情を示すとともに，円滑で調和的な相互交渉を行っている。
④ 精神疾患が認められ，Aに対する適切な養育を行える状態ではない。
⑤ 全般的にAの働きかけに対して拒否的にふるまい，愛情を示したり，身体的な接触をしたりすることも少ない。

Q326 ☐☐☐

新型の感染症の感染が日本全国で拡大し，外出などの自粛要請が出されているなかでの大学生Aと大学生Bとの会話の一部を示す。

A：外出するなって言われているから，ずっと家にいるけど，退屈だよな。
B：ちゃんと自粛しているんだ。僕なんて，ほとんど毎日出かけているよ。全然お店とかやっていなくて，つまらないけどね。
A：えっ，出かけているの？　大丈夫？　感染症にかかるかもしれないから，怖いでしょ。
B：うーん，みんなそう言うけど，大丈夫じゃない。きっとかからないよ。
A：そんなこと言っていて，実際にかかったら後悔するよ。
B：心配性だな。大丈夫だって。
A：マスクしたり，消毒したりするんだよ。
B：はいはい，わかっているよ。

Bの言動にあてはまるものとして，正しいものを1つ選べ。

① 社会的手抜き
② 正常性バイアス
③ 多元的無知
④ 確証バイアス
⑤ ピグマリオン効果

A325　　①　：ストレンジ・シチュエーション法

①　AはCタイプ（アンビバレント型）に特徴的な反応をしており，Cタイプの子の母親は敏感さが低く，要求に対する反応の適切さも低いことが示されている。

②　これは虐待（ネグレクト）が疑われ，このような母親の養育を受けると，Dタイプ（無秩序・無方向型）になることが多い。

③　子の要求に敏感に反応し，適切な対応をしている母親のもとでは，子はBタイプ（安定型）を示すことが多い。

④　精神疾患を有し，適切な養育が行えない母親のもとでは，子はDタイプ（無秩序・無方向型）になることが多い。

⑤　拒否的な対応をする母親のもとでは，子はAタイプ（回避型）を示すことが多い。

A326　　②　：災害時等のバイアス

①　社会的手抜きは，集団で作業を行うと，成員個々で行ったときよりも成果が低くなる現象のことであるが，Bの言動にはあてはまらない。

②　正常性バイアスとは，災害時など平時と異なる状況においても，「大した問題ではない」「大丈夫」と判断してしまうバイアスのことであり，Bの言動に合致する。

③　多元的無知とは，援助行動を起こすべき事態において，生じている状況に確信がもてないときに，周囲の人々が援助行動をとっていないことから，その状況は援助行動を起こすべき事態ではないと判断してしまうことであり，傍観者効果の要因のひとつとされている。

④　確証バイアスとは，既知の情報と合致した情報のみを認知・収集してしまうバイアスのことである。Bは感染症にかからないという情報を収集しているのではなく，自分でそう思い込んでいる状態であるため，確証バイアスが働いているとはいえない。

⑤　ピグマリオン効果とは，教師がポジティブな期待をもって子どもに接すると，子どもがポジティブに変化する現象のことであり，Bの言動にはあてはまらない。

基礎心理学

実験・研究

人体の構造／精神疾患

アセスメント／心理的支援

法律・制度

事例

Q327 ⬜⬜⬜

　記憶方略と記憶材料の組み合わせによって記憶量に差がみられるかを検討するため，実験を計画した。記憶方略としては「書いて覚える」（筆記条件），「読んで覚える」（黙読条件），「声に出して覚える」（音読条件）の３つの条件を設定し，記憶材料としてはひらがな３文字の有意味語とひらがな３文字の無意味語の２種類を用意した。対象者を６つのグループに分け，有意味語の筆記条件，有意味語の黙読条件，有意味語の音読条件，無意味語の筆記条件，無意味語の黙読条件，無意味語の音読条件にそれぞれを割り当てた。単語リストを一定時間内に覚え，妨害作業（計算問題）を課したのち，単語を自由再生して，再生できた数を記憶量とした。

　このような実験計画における分析方法として，最も適切なものを１つ選べ。

① ２要因分散分析

② 重回帰分析

③ 階層クラスター分析

④ χ^2検定

⑤ t検定

Q328 ⬜⬜⬜

　中学２年生のクラスの担任をしているＡは，自分のクラスの学習上の特徴を把握するため，クラスの生徒40名の期末テストにおける国語，数学，英語の点数を用いて対応のある分散分析を行った。その結果，$F(2, 78) = 166.93$であり，0.1％水準で有意であった。そこで，多重比較を行ったところ，数学が最も高く，英語が最も低いことが明らかになった。ここからＡはクラスの生徒に対して英語の復習をする機会を増やすことを学年主任に提案した。

　Ａが行った分析の問題点を指摘しているものとして，最も適切なものを１つ選べ。

① 多重比較を行う必要はない。

② クラス担任のＡではなく学年主任などクラスの生徒との関わりが少ない教員が行うべきである。

③ 国語―数学，数学―英語，国語―英語という組み合わせで，t検定を３回行うべきである。

④ このようなデータでは対応のある分散分析を行うことはできない。

⑤ 男女を分けて分析を行うべきである。

A327　①　：分析計画

① 記憶方略（3水準）と記憶材料（2水準）という2つの要因によって，単語の再生数という量的変数を比較する際には，2要因分散分析を用いる。

② 重回帰分析は，1つの量的変数である目的変数（結果と考えられる変数）を，複数の量的変数である説明変数（原因と考えられる変数）によって説明しようとする際に用いる分析法であり，本事例には適さない。

③ 階層クラスター分析とは，対象となるデータ群を統計的に類似しているもの同士に分類する方法であり，類似度を示すデンドログラム（樹形図）を用いる。本事例の分析には適さない。

④ χ^2検定は，質的変数と質的変数の組み合わせにおける度数の分布の偏りを検定する方法であるが，本事例のように量的変数の比較には用いることはできない。

⑤ t検定は，2群（条件）間における量的変数の比較を行う際に用いる分析方法であるが，本事例のように3群（条件）以上の群間比較に用いることはできない。

A328　④　：データ分析

① 分散分析で要因の効果が有意であった場合，多重比較を行わなければならない。

② 量的な分析は誰が行っても同じ結果が得られるので，担任Aが分析をしたことは問題ではない。

③ 3水準がある場合は分散分析を行うべきであり，t検定を3回繰り返すと第1種の誤りの可能性が高くなってしまう。

④ 対応のある分散分析やt検定は，プレテストとポストテストの比較のように，同じ指標（同じ課題によって得られた数値）について比較をする際に用いられる分析法であり，国語，数学，英語のように課題が異なるものから得られた数値を比較することはできない。

⑤ 男女を分けて分析をする積極的な理由は書かれていないため，男女を分けずに分析を行ったことは問題にはならない。

Q329

　鏡映描写課題における両側性転移に関する実験を行うことになった。鏡に映った星型の経路を鉛筆でなぞっていく時間をもとに，両側性転移について検討する。実験では，利き手で10回学習試行をしたあとに利き手で10回テスト試行を行うA群，非利き手で10回学習試行をしたあとに利き手で10回テスト試行を行うB群，学習試行は行わずに利き手で10回テスト試行を行うC群という3つの群を用意した。

　この実験を行う方法として，正しいものを1つ選べ。

① なぞる時間ではなく，経路からの逸脱回数を指標とする。
② テスト試行を20回にする。
③ 星型ではなく，より複雑な形の経路を用いる。
④ 事前課題をもとに3つの群が同じ成績となるよう対象者を配置する。
⑤ 非利き手で10回学習試行をしたあとに非利き手で10回テスト試行を行う群を用意する。

Q330

　大学4年生のAは，幼少期の被虐待体験と現在の友人関係との関連を卒業論文のテーマにし，被虐待経験のある大学生を対象に面接調査を実施しようと計画した。対象者は友人などを頼って10名集めた。面接は大学内の実験室などで行い，一人あたり30分程度で実施する予定である。面接の際には研究同意書を用いてインフォームド・コンセントを得て，面接終了時には謝礼を渡す予定である。

　Aの研究計画に対する指導教員からのコメントとして，最も適切なものを1つ選べ。

① 対象者はランダムに抽出されるべきであり，友人を頼って集めるべきではない。
② 面接時間が30分では短すぎるので，60分程度は想定しておいた方がよい。
③ 本当に虐待されていたのか，事前に親に確認をとるべきだ。
④ 心的外傷後ストレス障害（PTSD）症状の発現などのリスクがあるため，医療機関との連携などフォローアップの体制を準備しておかなければならない。
⑤ 大学内の施設では他の学生に被虐待者であることが知られてしまう可能性があるため，カフェなど大学外で行うべきである。

A329　④：実験計画

① 経路からの逸脱回数を指標にすることもできるが，なぞる時間よりも逸脱回数を用いた方がよいという積極的な理由はない。

② 各条件で試行回数が同じであれば，10回でも20回でも問題はない。

③ 各条件が同じ図形を用いるのであれば，星型でも複雑な図形でも問題はない（簡単な図形では差がみられにくい可能性はある）。

④ 無作為に配置した結果，もともと鏡映描写課題のなぞる時間に差がある可能性がある。事前課題を行い，対象者の成績をもとに3群が同程度の成績になるように配置することで，実験の効果が明らかになる。

⑤ 非利き手で行った学習が利き手での試行に影響を及ぼすことが両側性転移であり，非利き手での試行後に非利き手でのテスト試行を行う群（つまり両側性転移に関わらない群）を追加することには，特段の意味はない。

A330　④：面接時の留意点

① 対象者をランダムに集めた方がよいが，大学生の卒業論文で実際にランダムに被虐待経験者を集めることは困難である。

② 面接時間は面接内容などと照らして考えるべきであり，30分では短いとか60分だから十分とはいえない。

③ 親に虐待したことがあるかと尋ねること自体困難であり，また被虐待の事実は面接を通して確認すべきことである。

④ 被虐待経験者を対象とする以上，面接がPTSD症状発現のトリガーとなる可能性は十分にある。面接によってPTSD症状が発現する可能性を考え，そのような場合の対応について，十分に検討しておく必要がある。

⑤ カフェのような公共の場所で行うことで，面接が適切に行えない可能性がある。被虐待経験に関する面接であることからも，静穏で落ち着いた環境での面接実施が望まれる。

基礎心理学

実験・研究

人体の構造／精神疾患

アセスメント／心理的支援

法律・制度

事例

Q331 ・・ □□□

　4歳女児A。母親との二人暮らしであったが，母親からネグレクトを受けていることが確認されたため，児童相談所で一時保護をした。一時保護所では職員だけでなく，面会等に来る他児の保護者など大人には誰に対しても愛想よく近づき，馴れ馴れしい言葉づかいをし，足に抱きついたりもする。些細なことで大きな声をあげたり，職員が他児と関わっていると，泣いたふりや乱暴な言動をしたりすることもある。

　Aに考えられる障害として，最も適切なものを1つ選べ。

① 注意欠如・多動症（AD/HD）
② 脱抑制型対人交流障害
③ 知的能力障害
④ 解離症
⑤ 反応性アタッチメント障害

Q332 ・・・ □□□

　7歳の男児A，小学2年生。Aは1年生のころから文字を書くことが非常に遅く，漢字の習得にも苦労した。2年生になっても1年生で習う漢字が定着せず，2年生で習う漢字はほとんど正しく書くことができなかった。文字を読むことには，多少のたどたどしさはあるが問題はみられない。友人関係は良好であり，生活習慣の定着は他の児童と同程度であった。担任教師の勧めで母親が教育支援センターに相談し，AはWISC-Ⅳを受けた。全検査IQは82点であった。

　Aの状態を表すものとして，最も適切なものを1つ選べ。

① 自閉スペクトラム症（ASD）
② 小児期発症流暢症
③ 限局性学習症（SLD）
④ 注意欠如・多動症（AD/HD）
⑤ 知的能力障害

A331　　②　：状態像のアセスメント

① AD/HDに該当する状態像は示されていない。

② 他者に対して積極的に近づいたり接触したりするなどの愛着行動を示し，また職員が他児と関わると，気を引こうとするような過剰な反応を示していることから，脱抑制型対人交流障害であると考えられる。

③ 知的な問題は示されていないため，知的能力障害の可能性は低い。

④ 健忘など解離症を示す状態像は示されていない。

⑤ 愛着行動を抑制するなど反応性アタッチメント障害を疑わせる状態像は示されていない。

A332　　③　：児童のアセスメント

① 友人関係が良好であることなどからASDである可能性は低い（ASDでは漢字の習得の困難はみられない）。

② 小児期発症流暢症はいわゆる吃音のことであるが，Aに吃音はみられない。

③ 知的能力障害ではないが，漢字の習得に困難を示していることから，限局性学習症（特に書字障害）が疑われる。

④ 不注意によって漢字を書き間違えることはあるが，問題文にAD/HDの症状に該当する記述は見られない。

⑤ 知的能力障害は標準化された検査（WISC-Ⅳ）において2標準偏差以下（70点以下）であるが，その基準には達していない。また日常の適応機能が障害されていることも診断基準となるが，友人関係の良好さや生活習慣の定着など，日常の適応機能が障害されているとはいえない。

Q333 .... □□□

72歳の女性A，無職。Aは散歩の途中に熱中症で倒れ，緊急入院をした。入院時には脱水が認められた。入院数日で熱中症の症状は収まり，脱水状態からも回復した。しかし，回復とほぼ同時期から，日時や場所に対する認識があいまいになったり，夜間にふらふらと病院内を歩いたりする様子がみられた。また病室内に小さな動物がいるなどと騒ぐこともあった。

Aの状態像を表すものとして，最も適切なものを１つ選べ。

① せん妄
② 統合失調症
③ 血管性認知症
④ 睡眠障害
⑤ うつ病

Q334 .... □□□

68歳の男性A，無職。Aはもともと温厚な性格で，人望も厚かったが，65歳で定年退職して以降，イライラしたり，ひどく落ち込んだりすることなどが増えていった。また１年ほど前からは，時折スーツを着て，以前勤務していた会社まで行き，当時部下であった者に帰宅を促されることもみられるようになった。

Aの状態を評価するうえで最初に確認すべきものとして，適切なものを１つ選べ。

① 思考の体験様式の異常
② 意欲の有無
③ 抑うつ気分の有無
④ 見当識
⑤ 幻覚の有無

A333　①　：せん妄

① 急性の発症，昼夜逆転，見当識障害，小動物幻視などはせん妄の特徴であり，熱中症や脱水（低ナトリウム血症）などによって引き起こされることもある。

② 統合失調症では見当識障害はみられず，小動物幻視が起こることもない。

③ 血管性認知症でも見当識障害など認知機能の低下はみられるが，小動物幻視がみられることはない。

④ 昼夜逆転から睡眠障害も疑われるが，見当識障害や小動物幻視などは睡眠障害ではみられない。

⑤ うつ病では意欲の低下，抑うつ気分，微小妄想などが特徴的にみられるが，それらに関する記述はない。

A334　④　：精神状態の把握

① 思考の体験様式の異常（思考奪取など）よりも意識の清明度や質を確認する方が優先される。

② 意欲の把握は，精神症状の把握としては優先度が低い。

③ 抑うつ気分など感情状態の把握よりも意識の清明度や質を確認する方が優先される。

④ 見当識を確認することで意識の清明度や質を把握することができ，思考や感情よりも優先される。

⑤ 幻覚は知覚の異常に関わるが，意識の清明度や質を確認してからでなければ，知覚の異常によるものなのか，意識の質の低下によるものなのか判断できない。

問題

Q335 ·· □□□

29歳の男性A，会社員。休みの日に運転していたところ追突事故に遭い，頸椎損傷により下半身不随となった。Aは入院中，ある日には自分にはやらなければならない仕事があると言って，パソコンで書類を作成し，別の日には自分の人生は終わった，もう何をやっても無駄だと，意欲をなくしている様子をみせることを繰り返していた。追突事故を起こしたBが見舞いと謝罪に来た際には，謝罪を受け入れず，2時間にわたってBを叱責し続けた。最近は日中ぼーっとしていたり，看護師に突然暴言を吐いたりすることもみられるなど，一時的な感情の浮き沈みが激しい様子がみられている。

Bの状態として，<u>不適切なもの</u>を1つ選べ。

① 強い怒りの感情をもっている。
② 障害受容プロセスを前進したり後退したりしている。
③ せん妄がみられる。
④ 人生に対して悲観的になっている。
⑤ 障害者となったことを恥じている。

Q336 ·· □□□

24歳の女性A，会社員。Aは小さいころから，学業は平均的であったが，ぼーっとしていることが多く，指示を聞き忘れたり，忘れ物をしたりすることが多かった。高校や大学ではノートやメモをしっかりと取ることで，忘れ物をしたり，課題の締め切りに遅れたりすることのないようにしてきた。昨年，今勤めている会社に就職したが，思っていたよりもやらなければならない業務が多岐にわたり，メモを取るなどしていても，上司からの指示を聞き逃したり，ミスをしたりすることがあり，上司や同僚とのトラブルが生じるようになっていった。

企業内の相談室に勤める公認心理師がAに対して行う心理検査として，最も適切なものを1つ選べ。

① Conners 3
② WAIS-Ⅳ
③ ASRS
④ M-CHAT
⑤ 田中ビネー知能検査Ⅴ

A335　⑤ ：中途障害者の心理

① Ｂを２時間にわたって叱責し続けたことから，Ｂに対する強い怒りをもっていることがうかがわれる。

② 仕事への意欲をみせたかと思うと，意欲をなくしていたりするなど，障害受容のプロセスを行き来しているといえる。

③ 日中の意識混濁や看護師への暴言などから，せん妄が疑われる。

④ 「自分の人生は終わった」という発言から，人生に悲観的になっていると考えられる。

⑤ 障害者になったことを恥じるような言動は本事例にはみられない。

A336　③ ：注意欠如・多動症（AD/HD）のアセスメント

① Conners 3はAD/HDのアセスメント検査であるが，対象年齢が本人用８〜18歳，養育者・教師用６〜18歳であり，Ａは対象年齢外である。

② 学習面に遅れがなかったこと，ノートやメモをしっかりと取れていたことなどから，知的な問題は有していないと考えられ，WAIS-Ⅳをとる必要性は低い。

③ ASRSは18歳以上を対象としたAD/HDのスクリーニング検査であり，Ａに行うのに適している。

④ M-CHATは乳幼児用（16〜30か月）の自閉スペクトラム症（ASD）のスクリーニング検査であり，Ａには状態像・対象年齢から該当しない。

⑤ ②のWAIS-Ⅳと同様の理由で，知能検査を実施する必要性は低い。

基礎心理学／実験・研究／人体の構造／精神疾患／アセスメント／心理的支援／法律・制度／事例

Q337 ··· □□□

27歳の女性A。3か月前に初めて出産し男児をもうける。出産直後から抑うつや不安を感じるようになった。また同じ時期から涙もろくなり，些細なことでも涙するようになった。夫は育児に協力的であるが，Aの抑うつや涙もろさは一時的なことであると考え，気にしていなかった。Aは日に日に抑うつが強くなり，食欲不振や意欲減退なども自覚するようになっていった。3〜4か月健康診査の際に，保健師に相談したところ，心理師と面談することになった。なお，男児には栄養失調や発育不全など育児に関する問題はみられなかった。

Aに実施するテストバッテリーに含めるものとして，最も適切なものを1つ選べ。

① MMSE-J

② WAIS-Ⅳ

③ BDI-Ⅱ

④ SDS

⑤ EPDS

Q338 ··· □□□

小学校2年生の男児A。Aは私語が多く，話し出すと止まらないときがある。発話における語彙は多いが，書字では漢字を書くことに苦手意識があり，ひらがなで書くことが多い。また，黒板などに書かれている情報については理解し，従うことができるが，口頭で伝えられた情報については，忘れていることが多い。授業中落ちつきがなく，強いこだわりを示すこともある。Aの母親からの相談を受けた教育支援センターの公認心理師がWISC-Ⅳを実施した結果，全検査IQ 85，言語理解指標84，知覚推理指標102，ワーキングメモリー指標76，処理速度指標103であった。

この検査結果の解釈として，正しいものを1つ選べ。

① 注意欠如・多動症（AD/HD）が疑われる。

② 視覚的な情報処理が苦手である。

③ 知的な障害がみられる。

④ 聴覚的な情報処理が苦手である。

⑤ これだけの情報ではAについて理解できない。

A337　⑤　：心理検査

① MMSE-J(精神状態短時間検査改訂日本版)は認知機能に関する検査であり，本事例で用いる必要はない。

② 知的な困難がみられているわけではないため，WAIS-Ⅳを実施する理由はない。

③ 抑うつの症状がみられているが，乳児をもつ女性にBDI-Ⅱのような一般的な抑うつの検査を用いると，偽陽性が出る可能性があるため，使用しない。

④ SDSはうつ病自己評価尺度の略であるが，③と同じ理由で，本事例では使用しない。

⑤ 産後うつのアセスメントでは，産後うつ用に作成されたEPDS（エジンバラ産後うつ病質問票）を使用する。

A338　④　：知能検査の解釈

① 普段の様子からはAD/HDの傾向がうかがわれるが，WISC-Ⅳの結果からAD/HDの傾向を見出すことは困難である。

② 視覚処理に関わる知覚推理指標や処理速度指標は100を超えているため，視覚的な情報処理に困難があるとは推測できない。

③ 全検査IQが85あるため，知的な障害があるとは解釈できない。

④ 聴覚処理に関わる言語理解指標やワーキングメモリー指標の低さがみられるため，聴覚的な情報処理に困難があると推測できる。

⑤ WISC-Ⅳの結果だけで十分なアセスメントができるわけではないが，1つの検査結果からも推測できることがあるため，理解できないということは難しい。

Q339 ....□□□

　A中学校に通う男子生徒Bが学校内で自殺しているところを，複数の生徒や教職員が発見した。部活の大会でのミスがチームの敗退につながったことに思い悩んで自死を選んだ旨の遺書を残しており，いじめなどの問題は生じていない。Bが自殺したことはすぐに学校中に知れ渡り，動揺を示す生徒もみられている。学校では，校長，副校長，Bの担任，学年主任，養護教諭，スクールカウンセラーによる校内危機管理チーム会議を編成し，Bの自殺の事後対応を行うこととした。

　このなかで公認心理師であるスクールカウンセラーが果たすべき役割として，適切ではないものを1つ選べ。

① Bの担任など教職員のメンタルヘルスに気を配る。

② 動揺や不安を示す生徒の相談に応じる。

③ 遺族（Bの保護者）に対して，生前のBの様子や事後対応について説明する。

④ このような状況下で子どもが示しやすい反応について教職員に伝える。

⑤ 医療的ケアを必要とする生徒を見出し，医療機関につなげる。

Q340 ....□□□

　51歳の男性A，会社員。電車で出勤をしているが，つり革や手すりにつかまると，その手がひどく汚れてしまったように感じられ，不快感に耐えられず，途中の駅で何度も降りて，手を洗っている。そのため，出勤時刻に遅れることがあり，業務にも影響が出ている。Aはつり革などにつかまったくらいで手がひどく汚れることはないとわかってはいるが，手を洗わずにはいられない。

　Aに対する治療法として，適切なものを2つ選べ。

① 選択的セロトニン再取込み阻害薬（SSRI）

② ベンゾジアゼピン系抗不安薬

③ 森田療法

④ 系統的脱感作法

⑤ エクスポージャー法

A339　③　：学校の危機支援

① 生徒の自殺によって，教職員には通常業務以上の業務や心理的な負担などが生じるおそれがある。またBの担任がBの自死に強い罪悪感などを抱く可能性もあるため，教職員のメンタルヘルスに気を配り，必要に応じて休養をとるなどの助言をすることが求められる。

② 生徒の自死により動揺や不安を抱く生徒については，個々に面談し，丁寧に対応していく必要がある。

③ 遺族への対応は校長や副校長，学年主任など管理職にある教職員の職務であり，スクールカウンセラーが行うことではない。

④ 生徒の自死を目撃したり，聞いたりすることで，心身に通常とは異なる反応を示す者が出ることが考えられる。どのような反応が生じやすいかを伝えるとともに，このような状況下では通常とは異なる反応が生じるのは当然であると伝えることも必要である。

⑤ 生徒の自死を目撃した者のなかには，急性ストレス障害や心的外傷後ストレス障害（PTSD）を発症する者が出てくる可能性がある。そのような医療的ケアを必要とする生徒を見出し，早期に医療機関につなげることはスクールカウンセラーの重要な役割のひとつである。

A340　①と⑤　：強迫症の治療

① 強迫症に対する薬物療法としてはSSRIが第一選択薬となる。

② ベンゾジアゼピン系抗不安薬は，即効性はあるが依存が生じる懸念があるため，強迫症に対しては積極的には用いない。

③ 森田療法も強迫症に対して用いられることはあるが，⑤エクスポージャー法に比べて優先されるものではない。

④ 系統的脱感作法は不安症に対して用いられる心理療法であり，強迫症に対しては用いない。

⑤ 強迫症に対してはエクスポージャー法（曝露反応妨害法）を用いるのが一般的である。

基礎心理学

実験・研究

人体の構造／精神疾患

アセスメント／心理的支援

法律・制度

事例

Q341

　19歳の男性A，大学生。Aは小さいころから人前で発表したりすることが苦手であった。国語の授業などで音読をしたりする際にも，声が震えたり，汗をかくなどしていた。大学に入り，人前で発表する機会が増え，そのたびに胃腸の不快感や顔の硬直，めまい，頻尿などが生じ，大学に行くのが苦痛に感じられるようになった。今では，発表の前夜から強い不安におそわれ，食事もできず，うまく寝つけないことも多い。

　Aに対する治療として，最も適切なものを1つ選べ。

① 家族療法
② ベンゾジアゼピン系抗不安薬
③ 認知行動療法
④ クライエント中心療法
⑤ 抗精神病薬

Q342

　27歳の女性A，専業主婦。Aは2年前に結婚し，現在妊娠5か月である。A夫婦にとっては初めての子どもとなり，夫婦ともに妊娠を喜んだ。以前は吐き気などつわりがみられていたが，軽減し，ほとんどみられなくなっている。しかし，最近になって，気持ちが落ち込んだりすることが多く，なかなか眠れない日も続いている。家事もする気になれず，夫に頼り切っている。家事をしなければならないと思うが，家事をすることができずに，また落ち込んでしまう。このままではいい母親にはなれないのではないか，子どもを不幸にしてしまうのではないかと強い不安を感じることもある。Aの様子を心配した夫が，Aを連れて精神科を受診した。

　Aに対する治療・支援として，適切なものを2つ選べ。

① ベンゾジアゼピン系抗不安薬による薬物療法を行う。
② 精神科への入院を勧める。
③ 夫の協力のもと，自宅でできるだけ静養するよう助言する。
④ 選択的セロトニン再取込み阻害薬（SSRI）による薬物療法を行う。
⑤ 保健師による定期的な訪問指導を紹介する。

A341　③　：社交不安症の治療

① 家族療法は社交不安症の治療に対して効果は示されていない。

② ベンゾジアゼピン系抗不安薬では依存が生じる懸念があるため，薬物療法では選択的セロトニン再取込み阻害薬（SSRI）を用いる。

③ 社交不安症の治療には，D. M. Clark と A. Wells による認知行動モデルに基づいた認知行動療法が用いられている。

④ クライエント中心療法は，社交不安症の治療に対しての効果は示されていない。

⑤ 社交不安症の薬物療法に抗精神病薬は用いない。

A342　③と⑤　：周産期うつ病に対する支援

① ベンゾジアゼピン系抗不安薬は，顕著ではないが流産や乳児の呼吸器疾患のリスク増加が指摘されているため，避けるべきである。

② 自殺のリスクが想定される場合には入院も検討する必要があるが，現時点でAに自殺の兆候等はみられないため，入院を勧める段階にはない。

③ うつ病については，周囲を頼り十分に静養することが重要である。

④ SSRIについても，流産・早産，新生児合併症，小児期における神経発達症群（発達障害，特に自閉スペクトラム症〈ASD〉）との関連が指摘されているため，避けるべきである。

⑤ 初めての妊娠・出産であり，不安が高まっていることから，保健師による保健指導を受け，不安の低減を図る。

Q343 ··· □□□

17歳の女性A，高校生。登校中に意識を失い，倒れているところを発見され，救急搬送された。著しい低体重と顔面の蒼白を認めたが，搬送後すぐに意識を回復し，貧血で倒れただけで問題ないので帰宅すると訴えたため，点滴のみ行い帰宅させた。数日後，家での歩行中にふらつきがみられたため，母親が心配し，総合病院の内科を受診した。Aは食事をしても，ほぼ吐き出していること，自分は太っていて痩せなければならないと思っていること，数か月月経がみられないことなどを述べた。担当医は神経性無食欲症の可能性を強く感じたが，Aが現状に対して問題を認識しておらず，入院を強く拒んだため，当面は通院による治療を行うことにした。

通院による治療を行うにあたり，AとAの母親に行うべきものとして，適切なものを2つ選べ。

① 現在の心身の状態や治療の必要性を伝え，治療に対する動機づけを高める心理教育を行う。
② できるだけ外出を控えるように指示する。
③ 食事記録や体重測定を行うことを求める。
④ Aに対する監督が十分でなかったことについて母親を責める。
⑤ おいしく食事を摂れるように，1時間以上運動するように伝える。

Q344 ··· □□□

69歳の女性A，無職。Aは現在夫のBと二人暮らしをしている。息子が2人いるが，どちらも独立して遠方で暮らしている。最近，Bに幻視やパーキンソン症状など認知症の症状がみられるようになり，Bを置いてひとりで買い物などに出かけることもできなくなってきている。ある日，Bの言動にカッとなり，Bを叩いてしまったことを気に病み，地域包括支援センターに相談に来た。

センター職員の対応として，最も適切なものを1つ選べ。

① 虐待の可能性があるため，警察に通報する。
② Aの認知症を疑い，簡単な検査をする。
③ 現在の生活状況や息子からの協力の可否などについて確認する。
④ カッとなることは誰にでもあることだと伝え，落ち着かせる。
⑤ Bを養護老人ホームに入居させることを提案する。

A343　①と③　：神経性無食欲症に対する支援

① 神経性無食欲症の場合，病識がなかったり，もっと痩せなければならないと感じていたりすることが多いため，まずは病識をもたせること，このまま痩せ続けるとどのような問題が起こるかなどを伝え，治療に対する動機づけを高めることが必要となる。

② 神経性無食欲症の治療では，家庭や社会を回復の場と考えている。登下校や友人・教師との関わりなども，心身の改善につながる可能性があるため，外出を控えることを求めるのは適切ではない。

③ しっかりと食事を摂り，体重を増やすことが治療の基本であるため，食事記録や体重測定を行うことで，来院の際の状態確認になるとともに，A自身のセルフモニタリングにも活用できる。

④ 母親に何らかの原因があるわけではなく，また母親を責めても問題は解決しないため，母親を責めることに意味はない。

⑤ 登校中に意識を失ったり，家庭内でのふらつきがみられたりする状態で1時間以上の運動をすることは困難であり，適切な指示とはいえない。

A344　③　：認知症介護者の支援

① 感情的になって叩いてしまっただけであり，虐待として通報するような状態であるとはいえない。

② Aには認知症を疑わせる様子はないため，Aに検査をする必要はない。

③ AがひとりでBをどのように介護しているのか，生活状況はどのようになっているのかを把握し，また有効な援助資源と考えられる2人の息子の援助を受けられるかを確認することで，今後の対応を検討することができる。

④ カッとなることは誰にでもあるが，Aはそのような一般論を求めているのではなく，Aの問題の解決にはつながらない。

⑤ 詳細な情報を確認しないまま，養護老人ホームへの入居を提案することは適切ではない。

Q345 ···□□□

41歳の男性A，会社員。会社内の相談室に，部下である25歳の男性Bについて相談に来た。Bはまじめで着実に仕事をこなすが，臨機応変に対応することができず，仕事内容の変更や急な残業が生じると，強い混乱を示すことがある。思ったことをすぐに口に出してしまう性格のようで，同僚のミスをそのまま指摘したり，配慮のない発言をしたりする様子もみられる。AがBに指導をしても，なぜ自分が指導を受けなければならないのか理解できていない様子で，対応に苦慮している。

相談室のカウンセラーのAに対する対応として，最も適切なものを1つ選べ。

① 「今どきの若者はそんなもんですよ」と伝える。
② Bに対してもっと厳しく接するようにAに助言する。
③ Bの特性をAや他の同僚に理解してもらえるような機会をつくってもらう。
④ Bに医療機関にかかるようAから勧めてもらう。
⑤ Bが起こした問題はAの責任であるため，Aがもっとしっかりしなければならないと励ます。

Q346 ···□□□

47歳の男性A，事務職。Aは健康診断で，肥満と高血糖を指摘され，特定保健指導を受けるため，地域の健康保健センターを訪れた。Aは三食を毎日しっかり摂っている。朝食と夕食は配偶者が作るため，栄養バランスや量は適切であるが，昼食は外食が多く，好きなものをたくさん食べている。また，仕事中でもお菓子などの間食をしており，職場には常にお菓子を一定量用意している。仕事柄運動する機会は少なく，休日も自宅でのんびり過ごしている。肥満であるという自覚はあるが，現時点で体調を崩したり，病気になったりしておらず，好きなものを我慢するのは耐え難いと言っている。

健康保健センターの公認心理師のAに対する対応として，最も適切なものを1つ選べ。

① 間食する代わりに昼食を食べないように助言する。
② 管理栄養士などとともに，生活を変えることによってできるようになることなどについて説明する。
③ 1日1時間散歩することを勧める。
④ Aの配偶者にお弁当を用意するように依頼する。
⑤ Aが現状に問題を感じていないため，このまま経過観察をする。

A345　③　：自閉スペクトラム症（ASD）への間接的支援

① Aは若い社員全体について悩んでいるわけではなく，過剰に一般化した発言は適切ではない。

② BはASDであると推測されるため，厳しく接しても改善するわけではない。

③ ASDに対しては環境調整も重要な支援であり，そのためにはAや同僚がBの特性を理解する必要がある。

④ Bに医療機関にかかるように勧めるのは，Aの役割ではなく，カウンセラーの役割である。

⑤ Aがしっかりしたところでの状況がよくなるわけではなく，相談に来たAを追い詰めるだけになってしまう。

A346　②　：生活習慣病への支援

① 食生活の改善では栄養バランスをとることが重要であり，間食を積極的に進めるような助言は適切ではない。

② 現時点ではAは無関心期にあると考えられるため，行動変容に向けた動機づけを高める働きかけとして，行動変容による効果などについて説明する（単なる脅しは効果がない）。

③ 運動する習慣がないAに対して，1日1時間の散歩を求めるのは現実的ではない。

④ 栄養バランスを含めた食習慣の改善と運動習慣の構築が重要となるため，昼食をお弁当にすれば解決するものではない。

⑤ 問題が生じてからでは遅いので，見守っていては解決につながらない。

基礎心理学

実験・研究

人体の構造／精神疾患

アセスメント／心理的支援

法律・制度

事・例

Q347 ⋯⋯⋯⋯⋯⋯⋯⋯⋯⋯⋯⋯⋯⋯⋯⋯⋯⋯⋯⋯⋯⋯⋯⋯⋯⋯⋯⋯⋯⋯⋯⋯⋯⋯⋯ □□□

48歳の男性A，自営業。Aは妻と2人で青果店を営んでいる。酒好きで，仕事中でも酒を飲み，お釣りを間違えるなどのミスがみられている。お店を閉めると，片づけや清算を妻に任せ，そのまま飲みに出かけて，帰宅は夜遅くになることも少なくない。そのため，仕入れに行くことができないことも頻繁にある。ある日，体調不良を訴え，総合病院で検査を行ったところ，肝臓に異常がみられた。医師から飲酒を控えなければ専門機関での入院が必要になると伝えられ，Aも禁酒を約束したが，翌日には酒を飲んでいた。飲酒を妻に咎められると，「今からやめる」と言い，妻の目の前で酒をすべて捨てた。

Aに対する対応として，適切なものを1つ選べ。

① 酒を飲んだときの気持ちについて語らせる。
② 「やめる」というAの言葉を信じて見守る。
③ 専門医などからAに対して飲酒を継続することによる問題を明確に伝えてもらう。
④ 仕事を休ませ，自宅で静養させる。
⑤ 禁酒の約束を破ったことを，強く責める。

Q348 ⋯⋯⋯⋯⋯⋯⋯⋯⋯⋯⋯⋯⋯⋯⋯⋯⋯⋯⋯⋯⋯⋯⋯⋯⋯⋯⋯⋯⋯⋯⋯⋯⋯⋯⋯ □□□

87歳の男性A。85歳の妻と二人暮らしであり，子どもたちは遠方で生活している。半年前にステージⅣの胃がんが見つかり，他の臓器への転移もみられている。余命3〜4か月であり，本人及び家族の希望により，Aに対してすべて告知している。がん発見後しばらくは入院し，抗がん剤治療を行っているが，Aは抗がん剤治療は行わずに，自宅で余生を過ごしたいと希望している。Aの希望を伝えると，妻は自分ひとりで十分な看病ができるのかと不安な様子を示した。

A及びAの妻に対する対応として，適切なものを1つ選べ。

① 妻が不安を示している以上，自宅で過ごすことは難しいとAに伝える。
② 諦めずに抗がん剤治療を継続するようAを励ます。
③ Aのことを大切に思っているなら看病できるはずであるとAの妻に言う。
④ 訪問診療や訪問看護，地域の公的支援などについて説明し，Aの妻の不安の低減を図る。
⑤ 自宅ではなく，特別養護老人ホームなどの施設での生活を提案する。

A347　③ ：アルコール依存への対応

① お酒を飲んだときの気持ちを語らせることによって，快体験を再現させることになり，飲酒を望むようになる可能性があるため，適切ではない。

② 「やめる」と言ってやめられないから依存なのであり，やめるという言葉を信じて見守ることは適切ではない。

③ 飲酒を継続することによって生じる問題を指摘することにより，生活習慣の改善に向けた動機づけを行う。

④ アルコール依存に対して静養は特段必要ではなく，静養し，やることがなくなることで，飲酒に向かう可能性もある。

⑤ 強く責めても，かえって反発を生み，禁酒への抵抗を強める可能性もあるため，適切ではない。

A348　④ ：緩和ケア

① できるだけAの希望に沿った生活ができるようにするため，Aの妻が不安に感じていることだけを理由にAの希望を断ることは適切ではない。

② Aは治療を諦めたわけではなく，自宅で余生を過ごすことを選択したのであり，抗がん剤治療の継続を求めることは，Aの状態にもAの希望にも合っていない。

③ 終末期の看病は「大切に思っている」というような気持ちのもちようでできるわけではなく，またAの妻の年齢を考慮しても負担であることは明らかである。Aの妻の不安を情緒的な問題にしてしまうことは適切ではない。

④ 在宅療養をする際には，在宅療養について専門的な知識をもった訪問診療医や訪問看護師，ケアマネジャー，ホームヘルパーなどが協力してサポート態勢を整える。また，地域の公的な支援を受けることができる場合もある。そのような療養態勢，支援について説明することでAの妻の不安を低減できる。

⑤ 特別養護老人ホームは要介護者のための施設であり，終末期のがん患者が入所する施設ではないため，そのような施設への入所を提案することは不適切である。

Q349 ··· □□□

　28歳の女性Ａ，保育士。担当しているクラスの５歳女児Ｂについて勤務する保育所の園長とともに巡回指導の保健師に以下のようなことを相談した。先日，Ｂをプールに入れた際，背中や臀部に紫斑をいくつか見つけた。あらためて詳しく見ると，治りかけの紫斑も腕や太ももなどに数か所あることに気がついた。Ｂに事情を聞いても，「Ｂが悪いの」と言うだけで，話したがらなかった。保育所への送り迎えはＢの母親が行っているが，手をつないだり抱っこしたりしている姿を見たことはない。母親に紫斑について尋ねたが「知らない」と言って，すぐに帰ってしまう。Ｂの父親は現在無職で自宅にいるようだが，保育所に送り迎えに来ることはない。Ｂに対する虐待を疑うが確信がもてず，今後どのように対応すればよいか迷っている。

　この際，Ａに対する保健師の助言として，最も適切なものを１つ選べ。

① 家庭訪問をして，父親と会って事実確認をする。
② 母親を説得して，話を聞かせてもらう。
③ 虐待であるとは限らないので，しばらく様子をみる。
④ もう一度Ｂに事情を聞く。
⑤ 虐待の可能性を考え，児童相談所に通告する。

Q350 ··· □□□

　14歳の女性Ａ，中学生。予約なしでスクールカウンセラーのもとを訪れた。母親は自宅でピアノ教室を経営しており，Ａも小さいころからピアノを習っている。母親はＡにプロのピアニストになってもらいたがっており，Ａ自身も以前はそう思っていたが，最近，学校の教師にも興味がわいてきた。母親に一度，そのことを話したが，まったく聞き入れてもらえなかった。Ａはまだ迷っている状態であるが，このままではピアノに集中できない。

　Ａに対するスクールカウンセラーの対応として，最も適切なものを１つ選べ。

① 話してくれたことをねぎらい，さらに詳しい話を聞こうとする。
② Ａの代わりにスクールカウンセラーが母親を説得することを提案する。
③ 誰にでも将来について迷うことはあるものだということを伝える。
④ 学校の教師の仕事について，Ａの担任から説明してもらえるようにする。
⑤ 迷っている状態では具体的な対応は難しいので，話題を変える。

A349　⑤　：児童虐待への対応

① 児童虐待の可能性があるため，父親に事実確認をする必要性はなく，最も適切とは言い難い。

② 母親は「知らない」と言い，保育園の関与を望んでいない様子であるため，母親を説得して，話を詳しく聞き出すことは困難であるといえる。

③ 様子をみることで，その間に取り返しのつかない状況になる可能性もあるため，適切ではない。

④ Bに再度話を聞いても，「Bが悪いの」と言うだけであり，また何度も聞くことでBにつらい思いをさせたりする可能性もある。

⑤ 虐待を受けたと思われる時点で，児童相談所に通告することが望ましい。

A350　①　：スクールカウンセラーの対応

① 初めての来談であることから，Aが来てくれたことをねぎらったうえで，さらに情報を得ようとする対応が適切である。

② 母親の意向もわからず，Aがカウンセラーに説得をしてもらいたいと思っているかもわからない状態で，具体的な提案をすることは望ましくない。

③ 誰でも迷うことであっても，Aにとっては自分自身の将来に関わる悩みであり，過度に一般化することで，Aの信頼を損なうおそれがある。

④ 後々の対応としてはあり得るが，情報が十分ではない現時点においては，拙速な対応である。

⑤ 話題を変えることで，Aは自分の悩みに真剣に向き合ってもらえないと感じてしまうおそれがある。

Q351 .... □□□

　41歳の女性A，専業主婦。Aの一人息子Bは中学2年生であるが，中学1年生の5月から不登校が続いている。Aは2週間に1回スクールカウンセラーとの面談を続けている。Bは，以前は家からほとんど出たがらなかったが，最近は数分の散歩や近所への買い物程度であれば外出できるようになった。また，教科書をパラパラとめくってみたり，「今ごろ給食の時間かな」とつぶやいたりすることがある。Aはもう少ししたらBが学校に行けるようになるのではないかと期待しているという。

　スクールカウンセラーの対応として，<u>不適切なもの</u>を1つ選べ。

① 　Aの許可を得て，Bの様子を担任教師などと共有する。

② 　Bの変化について一喜一憂したり，過剰な期待をもったりしないように伝える。

③ 　教育支援センター（適応指導教室）の見学を提案する。

④ 　スクールカウンセラーがBに手紙を書いたり，電話をしたりすることを提案する。

⑤ 　散歩や買い物だと言って，そのまま学校に連れてくるように助言する。

Q352 .... □□□

　16歳の女性A，高校1年生。Aは高校入学後，女子バレーボール部に入部した。練習は厳しいが，もともとスポーツが好きだったことから，楽しく部活動をすることができていた。しかし，部活の顧問である男性教諭Bが部活動中に，先輩部員の肩を抱いたり，お尻をさわったりするのを見て，不快な気分になった。Bがそのような行為をするのはレギュラーに選ばれている部員であったり，レギュラーに近い実力をもった部員であったりした。自分がこのまま部活動を続け，レギュラーになれるようになったら，自分もあのような行為を我慢して受けなければならないのかと不安になって，高校のスクールカウンセラーのもとを訪れた。

　Aに対するスクールカウンセラーの対応として，最も適切なものを1つ選べ。

① 　AがBにそのような行為をやめるように言うように伝える。

② 　Bのコミュニケーションの一環であり，性的な意味はないと言う。

③ 　Aはまだそのような行為を受けていないのだから，何も対応できないと伝える。

④ 　Aの情報について管理職を含めた教員で共有して対応を検討してもよいか確認する。

⑤ 　バレーボール部を辞めて，他の部活動に入り直すよう助言する。

A351　⑤ ：不登校への対応

① Bがどのように過ごしているかは担任教師などと共有すべき事項であり，Aからの許可を得たうえで共有することで，今後の支援につなげていくことができる。

② 不登校状態のなかにも波があり，学校や勉強に気持ちが向くこともあれば，それらを拒否することもある。そのような変化に一喜一憂したり，過剰な期待をもったりすることは子どもに負担をかけることがあるため，少なくともそのような感情を子どもに対して表出するのは避けるべきである。

③ 学校や勉強に対して意識が向いている様子がみられているが，すぐに学校に足が向くかどうかはわからない。学校以外の選択肢として，教育支援センター（適応指導教室）を紹介することは適切な対応である。

④ 学校に来ても，居場所がなかったり，安心して話せる相手がいなかったりすると，苦しい思いをするだけである。事前にスクールカウンセラーと手紙や電話でつながっておくことで，学校に行くことへの不安を低減させることができる。

⑤ 不登校の子どもが学校に行くのは勇気がいることである。散歩や買い物に行くと言ってだますようなかたちで学校に連れてくることは，不登校をより強固にしたり，親に対する不信感を高めたりするため，適切ではない。

A352　④ ：スクールハラスメントの対応

① Aが自分からBに対してやめてほしいと言えないから相談しているのであって，Bにやめるように言うことをAに求めることは困難である。

② 実際に性的な意図があるかどうかは別として，Aが不快に思っている以上，何らかの対応が求められる。

③ 行為を受ける前に対応することで，被害を予防することができる。

④ 状況把握や事実関係の確認，B本人や他の部員からの聴取などスクールカウンセラーだけではできないことがあるため，Aの同意のもと，教員間で情報共有をして対応にあたるのが望ましい。

⑤ 部活動を変えることは問題解決にはならない。

Q353 ··· □□□

38歳の女性A，専業主婦。Aは小学6年生の息子Bについて相談があり，小学校のスクールカウンセラーのもとを訪ねた。Bは以前からおとなしい性格で，外で遊ぶよりも，折り紙やお絵描きなどを好んでいた。男の子の友だちよりも女の子の友だちの方が多かった。修学旅行が近づくにつれて，気持ちが沈んだ様子がみられたため，Aが話を聞くと，Bは「自分は男の子ではなく女の子だ」「修学旅行のお風呂で他の男の子の前で裸になるなんて恥ずかしくて嫌だ」と涙ながらに語った。AはBの突然のカミングアウトに驚き，どう対応すればよいか困っているという。

Aに対するスクールカウンセラーの対応として，適切なものを2つ選びなさい。

① 両親のAに対する関わり方やおもちゃの与え方などが適切だったか振り返るように促す。

② Aに同意を得たうえで，入浴に対する個別対応などが可能かどうか，担任等に相談する。

③ A及びBに対してBがカミングアウトした勇気を認め，Bの心情に真摯に向き合うように助言する。

④ 一時的な思いなので，気にする必要はないとAに伝える。

⑤ すぐに児童精神科を受診するように勧める。

Q354 ··· □□□

78歳の女性A，無職。最近，もの忘れや無気力がみられるようになり，82歳の夫B，51歳の息子Cに連れられて，認知症外来を受診した。認知機能等を把握するため，医師の指示のもと，公認心理師がHDS-R，CDR，時計描画検査を行った。これらの検査結果や受検前後の言動・様子などから，認知症であることが強く疑われた。後日，これらの検査の結果についてAに伝えるため来院を求めたところ，B，Cも同伴した。

A，B，Cに検査結果などを伝えるうえで，適切なものを1つ選べ。

① BやCはAの家族であるため，BやCに検査結果などを伝える際にAの同意は不要である。

② 客観的な数値のみを伝える。

③ あいまいに伝えると不安が高まるおそれがあるため，認知症であると断言する。

④ A，B，Cそれぞれに合わせて言い方・伝え方を変える。

⑤ 専門用語を用いて，論理的に説明する。

A353　②と③　：性別違和の子どもの支援

① 性別違和は子育てなどで生じるわけではないため，振り返りを勧めることに意味はない。

② 文部科学省「性同一性障害に係る児童生徒に対するきめ細やかな対応の実施等について」（通知）や「性同一性障害や性的指向・性自認に係る，児童生徒に対するきめ細やかな対応等の実施について（教職員向け）」において，修学旅行では一人部屋の使用を認めたり，入浴時間をずらしたりするなどの対応が例示されている。このような対応が可能かどうかA及びBの同意のもと担任等に相談することが求められる。

③ カミングアウトは非常に勇気のいることであり，Bはそれだけ追い詰められていたり，不安に思っていたりする状況にある。親を信頼してカミングアウトしてくれたことをねぎらい，Bの思いを否定せずに受け入れていくことが，Bに対する支援の始まりとなる。

④ Bの思いを一時的なものとして軽視することは適切ではない。

⑤ 現時点ですぐに児童精神科を受診しなければならない理由は見当たらない。

A354　④　：アセスメント結果のフィードバック

① Aは最近になってもの忘れや無気力がみられた状態であるため，まだ自身で判断することができる状態にあると考えられる。その場合は，家族であっても検査結果などを伝えてよいか，Aに同意を得る必要がある。

② 数値のみでは，Aなどは理解できないため，その数値が何を意味しているのか，解釈などについて丁寧に伝える。

③ 認知症と診断できるのは医師だけであり，公認心理師が認知症であると断言することは不適切である。

④ 認知症が強く疑われるA，高齢であるB，51歳で認知機能などが十分であると考えられるCでは，同じことであっても，理解度や受け止め方が異なることが考えられるため，言い方や伝え方を相手に合わせて変える必要がある。

⑤ 専門用語を多用されても，クライエント・患者は理解できないことが多い。クライエント・患者に理解できるよう，あまり専門用語は使用せずに伝えることが望ましい。

Q355 ·· □□□

25歳の女性A，会社員。会社内の相談室にいるカウンセラーに自ら相談にやってきた。Aは真面目で与えられた仕事を着実にこなしていた。しかし，そんな自分を上司は評価してくれず，自分よりも不真面目でいい加減な仕事をしている同僚の方を高く評価しているように感じている。上司が同僚と話をしていると，自分は上司から相手にされていない，自分ばかりのけものにされているような気がして，仕事場にいるのがつらいと感じるようになった。

Aに対するカウンセラーの対応として，適切なものを1つ選べ。

① 「あなたの上司はきっとあなたの仕事ぶりを理解していますよ」と励ます。
② 「誰だってそう思うことはありますよ」と言って，気にしないように伝える。
③ 「本当にちゃんと仕事しているんですか？」とAに自分の仕事ぶりを振り返るように促す。
④ 「あなたの上司も同僚もひどい人ですね」とAに伝える。
⑤ 「よく相談しに来てくれました」と言い，さらに詳しく話を聞く。

Q356 ·· □□□

25歳の男性A，会社員。大学卒業後，現在の会社に就職した。仕事にも慣れ，小さなプロジェクトも任せられるようになり，仕事に充実感を抱くことができている。先日，直属の上司である女性から，食事をしながらプロジェクトについて打ち合わせをしたいとの申し出があり，一緒に食事に行ったが，プロジェクトの話はなく，プライベートに関する話ばかりであった。その上司からはまた一緒に食事に行きたいなど言われることもあり，話をするときにも，他の社員に比べ，Aと上司との身体的な距離が近く，時には上司が胸を押し付けてくるようなこともある。最近は，同僚からも上司との関係についてあらぬ噂をされることもあり，不快に思っている。

社内のハラスメント相談窓口に相談に来たAに対する言葉として，適切なものを1つ選べ。

① 「そのくらい，大したことではありませんよ」
② 「あなたは男性なので，ハラスメントにはあたりません」
③ 「女性から言い寄られるなんて，うらやましいですね」
④ 「もう少し経緯など詳しく聞かせていただけますか？」
⑤ 「あなたにも下心があったんじゃないですか？」

A355　⑤ ：相談への対応

① 上司への確認もなく安易に励ますことは避けるべきである。

② 気になるから相談に来ているのであって，その来談者に対して「気にするな」と言っても解決にはつながらない。

③ 来談者を責めるようなことを言うことは適切ではない。

④ 状況を確認することなく，来談者の言うことを鵜呑みにして，敵意を煽るようなことを言うのは望ましくない。

⑤ 相談に来てくれたことをねぎらい，状況についてより詳細に聴き取ることが求められる。

A356　④ ：ハラスメント相談への対応

① 相談者にとっては重大な問題であり，相談員が自らの価値観で問題を過小にみなしてはならない。

② 男性もハラスメントの被害者となり得るため，男性であることを理由にハラスメントにならないと決めるべきではない。

③ 相談者は上司の態度を迷惑と考えており，相談員の価値観でうらやましいなどと言ってはならない。

④ ハラスメントと認定するかどうか，上司に対してどのように対応するかなどを検討するためにも，さらなる情報収集が必要となる。

⑤ 相談者に落ち度があったようなことを言ってはならない。

Q357 ....□□□

　43歳の女性A，会社員。Aは数年前に離婚をし，11歳の娘と二人暮らしである。A は会社の仕事も家事・子育ても一生懸命行ってきた。しかし，最近，疲れがなかなか取れず，休日は寝てばかりいて，食事の準備も娘の相手もままならないことが増えてきた。また仕事中でもぼーっとしたり，意欲がわかなかったりすることがあり，上司から叱責されることもあった。事業場内の相談室に来たAは，「気持ちがふさいで，何もやる気が起きない」「どうして自分ばかりこんなに苦労しなければならないのか」などと言った。

　相談室のカウンセラーのAに対する対応として，最も適切なものを1つ選べ。

① Aの状態を上司に伝え，仕事量などについて配慮してもらうように依頼する。

② 病気休暇を取得するよう指示する。

③ 精神科を受診するように勧める。

④ 簡単な心理検査を含めたアセスメントを行う。

⑤ 別れた夫にサポートを依頼する。

Q358 ....□□□

　21歳の女性A，元派遣社員。Aは交際していた男性との間に子どもができたが，結婚を前に男性と連絡がとれなくなった。仕事を辞め出産し，現在はひとりで育児をしている。3か月健診の際に，保健師に対して，こんなに若くして子どもをつくるつもりはなかった，男性の収入をあてにしていたので育てていくお金がない，両親とは不仲で子育てや経済的支援を頼める状況ではなく，ほかに親しい人もいないなど，育児や生活に関わる不安を涙ながらに訴えた。

　保健師のAに対する対応として，最も適切なものを1つ選べ。

① 母子生活支援施設などの利用を勧める。

② 両親との仲をとりもつので，両親に連絡するように伝える。

③ Aのうつ病を疑い，心理職に心理検査を依頼する。

④ 虐待の可能性があるため，児童相談所に通告する。

⑤ 無計画に子どもを産んだことを責める。

A357 ④ ：女性労働者からの相談への対応

① Aの状態がどの程度のものなのか把握していない状態で，上司に仕事量などの配慮を求めることは時期尚早である。

② 病気であるかもわからない状態で，病気休業の取得を勧めるのは不適切である。

③ 精神科の受診を勧めるほどの重い抑うつ状態であるのかを把握する必要がある。

④ Aの抑うつ状態の程度を把握することで，今後の対応を考えることができる。

⑤ Aの状態が十分に把握できておらず，また元夫との関係もよくわからないまま，元夫にサポートを依頼することは適切ではない。

A358 ① ：シングルマザーへの支援

① 母子生活支援施設は母子家庭等の女性（母親）とその子が一緒に利用・入所できる施設であり，心身と生活を安定させるための支援・援助を行う児童福祉施設である。

② 両親との関係性がみえておらず，また仲をとりもってもらうことを望んでいるかもわからない。

③ 現時点でAにうつ病をうかがわせる様子はみられない。

④ 現時点でAに虐待を疑わせる様子はない。

⑤ 責めたところでAを苦しませるだけであり，何の解決にもつながらない。

Q359 ··· □□□

　17歳の男性A，無職。Aは中学校に通っていたときから素行が悪く，何度も補導されている。高校に進学したが，すぐに中退し，現在は不良行為をする仲間と過ごすことが多い。Aはケンカっ早く，見栄っぱりで，周囲には強さをアピールしていた。ある日，街中ですれ違った別の不良グループに因縁をつけられケンカとなった。Aよりも相手の方が強く，負けそうになったため，「ぶっ殺してやる」と言って，ナイフを取り出した。腹部等を数回刺し，相手は死亡した。Aは通報を受けて駆けつけた警察にその場で逮捕された。

　Aの今後の処遇について，正しいものを1つ選べ。

① 児童相談所に送致され，児童福祉的な措置がとられる。

② 検察から家庭裁判所に送られ，少年審判を受ける。

③ 検察から家庭裁判所に送られたのち，検察に逆送される。

④ 検察から少年鑑別所に送られ，鑑別を受ける。

⑤ 検察から地方裁判所に起訴される。

Q360 ··· □□□

　38歳の女性A，会社員。8歳の娘と二人暮らし。以前は結婚していたが，夫婦ともに多忙であり，生活上のすれ違いが続いた。互いにDV（ドメスティック・バイオレンス）や不貞行為などはなかった。話し合いの末，娘の親権はAがもつことや，適切な養育費の支払い，月1回の面会交流を約束し，3年前に円満に離婚をした。その後，養育費は毎月しっかりと支払われ，面会交流も順調に行われた。ある日，面会交流から戻ってきた娘が，「どうしてお父さんと一緒に暮らさないの？」「お父さんとお母さんは仲直りして，みんなで過ごそうよ」と言ってきた。Aは元夫と再婚するつもりはなく，元夫が娘にそのように言うように仕向けたのではないかと疑っている。

　Aから相談を受けた離婚家庭支援団体の相談員の対応として，適切なものを2つ選べ。

① 面会交流は二度と行わないことを告げるように助言する。

② 娘と元夫との関係が良好であることを示す言動であり，娘の気持ちを受け入れてあげるように伝える。

③ 元夫と再婚することを前向きに考えるように進言する。

④ Aと元夫，相談員の3人で，面会交流の様子や今後の進め方について確認する場を設けることを提案する。

⑤ 元夫が娘に虐待している可能性があるため，児童相談所に通告する。

A359　③　：少年事件の流れ

①　14歳未満の場合には児童相談所に先議権があるが，17歳なので児童相談所よりも先に家庭裁判所に送られる。

②　故意に行った殺人であると考えられるため，家庭裁判所での審判には付されない。

③　故意の犯罪行為により被害者を死亡させた事件で，罪を犯したときに16歳以上の少年については，原則として家庭裁判所は検察官送致（逆送）を決定しなければならず，逆送を受けた検察官は一部の例外を除き，地方裁判所に起訴しなければならない。

④　少年鑑別所に送るかどうかは家庭裁判所が判断することであり，検察から直接少年鑑別所に送られることはない。

⑤　未成年の事件であるため，まずは家庭裁判所に送らなければならない。

※　2022年4月に改正少年法が施行され，新たに「特定少年」が設けられるなど，変更が生じるため，最新の情報を確認してください。

A360　②と④　：面会交流への支援

①　娘の言動をもとに元夫を疑い，一方的に面会交流を絶つことは，娘にとっても，元夫との関係においても適切な対応とはいえない。

②　娘が父親（元夫）と母親（A）と一緒に暮らしたいと思うことは当然のことであり，それだけ父親（元夫）との面会交流がうまくいっていることを表している。娘の父親（元夫）と一緒に暮らしたいという思いを素直に受け入れることは，娘にとっても有益である。

③　A自身が元夫との再婚を望んでおらず，元夫からもそのようなことを言われていないため，相談員から再婚を提案することは不適切である。

④　実際に元夫が娘にそのようなことを言わせているのかを含め，元夫と娘がどのように面会交流を行っているのか，今後はどのように進めていくのか，離婚後ある程度の年数が経過していることも考慮して，確認することは必要である。その際，2人だけで話すとAの疑いが前面に出て葛藤が生じる可能性があるため，相談員も同席する方が望ましい。

⑤　現時点で元夫が娘に対して虐待を行っている様子はみられないことから，通告する必要はない。

著者略歴

髙坂康雅（こうさか やすまさ）
和光大学現代人間学部教授
博士（心理学）・公認心理師・学校心理士
専門は青年心理学。著作に，『公認心理師試験対策はじめの一冊 基礎力はかる肢別問題420』（単著：福村出版），『増補改訂版 本番さながら！ 公認心理師試験予想問題200』（単著：メディカ出版），『恋愛心理学特論—恋愛する青年／しない青年の読み解き方—』（単著：福村出版），『ノードとしての青年期』（編著：ナカニシヤ出版），『レクチャー 青年心理学—学んでほしい・教えてほしい青年心理学の15のテーマ—』（共編著：風間書房），『思春期における不登校支援の理論と実践—適応支援室「いぐお〜る」の挑戦—』（編著：ナカニシヤ出版）など多数。

公認心理師試験対策総ざらい
実力はかる5肢選択問題360

2021年8月5日　初版第1刷発行

著　者　　髙　坂　康　雅

発行者　　宮　下　基　幸

発行所　　福村出版株式会社
〒113-0034　東京都文京区湯島2-14-11
電　話　03（5812）9702
FAX　03（5812）9705
https://www.fukumura.co.jp

印刷・製本　　中央精版印刷株式会社

©Yasumasa Kosaka 2021
Printed in Japan
ISBN978-4-571-24092-8 C3011
落丁・乱丁本はお取り替えいたします
定価はカバーに表示してあります

福村出版◆好評図書

高坂康雅 著
公認心理師試験対策はじめの一冊
基礎力はかる肢別問題420
◎1,800円　　ISBN978-4-571-24075-1　C3011

公認心理師国家試験のための「最初の一冊」。基礎心理学から実務,関連法規まで,420問を解説とともに収録。

大野博之・奇 恵英・斎藤富由起・守谷賢二 編
公認心理師のための臨床心理学
●基礎から実践までの臨床心理学概論
◎2,900円　　ISBN978-4-571-24074-4　C3011

国家資格に必要な基礎から実践までを分かりやすく解説。第1回試験問題&正答とその位置付けも入った決定版。

津川律子・花村温子 編
保健医療分野の
心理職のための対象別事例集
●チーム医療とケース・フォーミュレーション
◎3,300円　　ISBN978-4-571-24088-1　C3011

保健医療分野の各機関で,心理士がどのような支援を行っているのか,実際の仕事ぶりを分かりやすく紹介する。

林 直樹・野村俊明・青木紀久代 編
心理療法のケースをどう読むか?
●パーソナリティ障害を軸にした事例検討
◎3,200円　　ISBN978-4-571-24083-6　C3011

様々な精神的問題に直面する事例を集め,精神科医・林直樹がスーパーバイズ。事例をどう読むかが分かる一冊。

坂田真穂 著
ケア―語りの場としての心理臨床
●看護・医療現場での心理的支援
◎2,700円　　ISBN978-4-571-24087-4　C3011

ケアを歴史的に捉え直す。看護・医療現場の心理的疲弊に心理士が共感することで,より良いケアを実現する。

D. キング・P. デルファブロ 著／樋口 進 監訳／成田啓行 訳
ゲ ー ム 障 害
●ゲーム依存の理解と治療・予防
◎6,000円　　ISBN978-4-571-50015-2　C3047

DSM-5,ICD-11に収載されて注目を浴びるゲーム障害。その理論とモデルを解説し,臨床の全体像を総説する。

V. ジーグラー・ヒル, D. K. マーカス 編／下司忠大・阿部晋吾・小塩真司 監訳／川本哲也・喜入 暁・田村紋女・増井啓太 訳
パーソナリティのダークサイド
●社会・人格・臨床心理学による科学と実践
◎7,200円　　ISBN978-4-571-24089-8　C3011

パーソナリティのダークサイドを扱った研究を網羅的に紹介。最先端の研究者たちが今後の課題と展望を示す。

高坂康雅 著
恋 愛 心 理 学 特 論
●恋愛する青年／しない青年の読み解き方
◎2,300円　　ISBN978-4-571-25047-7　C3011

恋愛研究の活性化を目指し,「恋人が欲しくない青年」など最新のトピックを青年心理学の立場から解明する。

二宮克美・山本ちか・太幡直也・松岡弥玲・菅さやか・塚本早織 著
エッセンシャルズ 心理学〔第2版〕
●心理学的素養の学び
◎2,600円　　ISBN978-4-571-20086-1　C3011

豊富な図表,明解な解説,章末コラムで,楽しく読んで心理学の基礎を身につけられる初学者用テキスト改訂版。

◎価格は本体価格です。